Examens de l'OCDE sur la coopération pour le développement : Belgique 2015

Cet ouvrage est publié sous la responsabilité du Secrétaire général de l'OCDE. Les opinions et les interprétations exprimées ne reflètent pas nécessairement les vues officielles des pays membres de l'OCDE.

Ce document et toute carte qu'il peut comprendre sont sans préjudice du statut de tout territoire, de la souveraineté s'exerçant sur ce dernier, du tracé des frontières et limites internationales, et du nom de tout territoire, ville ou région.

Merci de citer cet ouvrage comme suit :
OCDE (2015), *Examens de l'OCDE sur la coopération pour le développement : Belgique 2015*, Éditions OCDE, Paris.
http://dx.doi.org/10.1787/9789264242036-fr

ISBN 978-92-64-24199-2 (imprimé)
ISBN 978-92-64-24203-6 (PDF)

Série : Examens de l'OCDE sur la coopération pour le développement
ISSN 2309-7140 (imprimé)
ISSN 2222-7938 (en ligne)

Les données statistiques concernant Israël sont fournies par et sous la responsabilité des autorités israéliennes compétentes. L'utilisation de ces données par l'OCDE est sans préjudice du statut des hauteurs du Golan, de Jérusalem-Est et des colonies de peuplement israéliennes en Cisjordanie aux termes du droit international.

Les corrigenda des publications de l'OCDE sont disponibles sur : *www.oecd.org/about/publishing/corrigenda.htm*.

Le processus d'examen par les pairs

Le Comité d'aide au développement (CAD) procède à des examens périodiques sur les efforts individuels de coopération pour le développement des membres du CAD. Le Comité d'aide au développement (CAD) de l'OCDE consacre tous les quatre à cinq ans un examen des efforts de coopération pour le développement de chacun de ses membres. La Direction de la coopération pour le développement (DCD) apporte un soutien analytique et élabore et affine, en étroite concertation avec le Comité, la méthodologie et le cadre d'analyse sur lesquels reposent ces examens par les pairs.

Les examens par les pairs réalisés par le CAD ont pour objectif d'améliorer la qualité et l'efficacité de la coopération pour le développement et de promouvoir la conclusion de partenariats de qualité au service du développement afin d'obtenir un impact accru sur la réduction de la pauvreté et le développement durable dans les pays en développement. Les examens par les pairs conduits par le CAD évaluent la performance du membre considéré, non pas seulement celle de son organisme de coopération pour le développement, et d'examiner les aspects ayant trait tant à la définition de la politique qu'à sa mise en œuvre. Ils couvrent dans leur globalité les activités de coopération pour le développement et d'aide humanitaire du membre soumis à examen en les replaçant dans le système envisagé dans son entier.

L'examen par les pairs est préparé par une équipe composée de représentants du Secrétariat et de fonctionnaires de deux pays membres du CAD désignés comme « examinateurs ». Le pays examiné établit un mémorandum exposant les principales évolutions intervenues dans sa politique et ses programmes. Le Secrétariat et les examinateurs se rendent ensuite dans la capitale de ce pays pour s'y entretenir avec des fonctionnaires, des parlementaires et des représentants de la société civile et d'ONG et obtenir ainsi des informations de première main sur le contexte dans lequel s'inscrivent les efforts de coopération pour le développement du pays membre du CAD concerné. Des missions sur le terrain permettent d'apprécier la manière dont les membres ont intégré dans leurs actions les politiques, principes et préoccupations majeurs du CAD et d'étudier les activités menées dans les pays bénéficiaires, notamment en ce qui concerne la lutte contre la pauvreté, la durabilité, l'égalité homme-femme et d'autres aspects du développement participatif, ainsi que la coordination locale de l'aide. Au cours de la visite sur le terrain, l'équipe s'entretient avec des fonctionnaires, des parlementaires, des représentants de la société civile du pays bénéficiaire ainsi qu'avec d'autres partenaires de l'aide au développement.

Le Secrétariat rédige ensuite un projet de rapport sur la politique du pays membre concerné en matière de coopération pour le développement, qui sert de base à la réunion consacrée par le CAD à l'examen proprement dit. Lors de cette réunion, qui a lieu au siège de l'OCDE, de hauts responsables du pays membre examiné répondent aux questions formulées par le Comité en liaison avec les examinateurs.

Cet examen contient les « Principales conclusions et recommandations » du Comité d'aide au développement et le rapport du Secrétariat. Il a été préparé avec les examinateurs représentant la Finlande et l'Italie pour l'examen de la Belgique qui a eu lieu le 17 juin 2015.

Table des matières

Tableaux

Graphiques

Encadrés

Sigles et abréviations

ACNG	Acteurs de la coopération non gouvernementale
ACROPOLIS	Academic Research Groups for Policy
APD	Aide publique au développement
B-FAST	*Belgian First Aid and Support Team*
BIO	Société belge d'Investissement pour les pays en développement
CAD	Comité d'aide au développement
CDI	Center for Development Index
CNCD	Centre national de coopération au développement
CTB	Coopération Technique Belge (société anonyme de droit public)
CUD	Commission universitaire pour le Développement
DGD	Direction générale Coopération au développement et Aide humanitaire
DG DEVCO	Direction Générale de Développement et Coopération
DGE	Direction générale Coordination et Affaires européennes
DGM	Direction Générale des Affaires multilatérales et de la Mondialisation
FBSA	Fonds Belge pour la Sécurité Alimentaire
OCDE	Organisation de coopération et de développement économiques
ONG	Organisation non gouvernementale
ONU	Organisation des Nations Unies
OSC	Organisation de la société civile
PIC	Programme Indicatif de Coopération
PMA	Pays les moins avancés
RNB	Revenu national brut
SES	Service de l'Évaluation Spéciale de la Coopération Belge au Développement
SPF	Service Public Fédéral
SPF AE	Service Public fédéral, Affaires étrangères, Commerce extérieur et Coopération au Développement
SPF PO	Service Public fédéral, Personnel et Organisation
TDC	Trade for Development Center
UE	Union européenne
VVOB	Vlaamse Vereniging voor Ontwikkelingssamenwerking en Technische Bijstand
WBI	Wallonie-Bruxelles International

Signes utilisés :

EUR	euro
USD	dollar des États Unis
( )	Estimation du Secrétariat pour tout ou partie
-	Nul
0.0	Négligeable
..	Non disponible
...	Non disponible séparément mais inclus dans le total
n.a.	Non applicable (sans objet)

Les totaux peuvent ne pas correspondre exactement à la somme de leurs composantes, les chiffres ayant été arrondis.

Taux de change annuel moyen (1 EUR pour 1 USD)

2009	**2010**	**2011**	**2012**	**2013**
0.7181	0.7550	0.7192	0.7780	0.7532

Aperçu synthétique de l'aide de la Belgique

BELGIQUE

APD bilatérale brute, moyenne 2012-13, sauf indication contraire

APD nette	2012	2013	2014[a]	Variation 2013/14
Prix courants (USD m)	2 315	2 300	2 385	3.7%
Prix constants (2013 USD m)	2 427	2 300	2 374	3.3%
En euros (millions)	1 801	1 732	1 797	3.8%
APD/RNB	0.47%	0.45%	0.45%	
Aide bilatérale (%)	62%	57%	59%	

a. Chiffres préliminaires.

Dix principaux bénéficiaires d'APD/AP brute (USD m)	
1 République démocratique du Congo	138
2 Côte d'Ivoire	138
3 Burundi	61
4 Rwanda	51
5 Cisjordanie et bande de Gaza	33
6 Viet Nam	29
7 Bénin	25
8 Mali	23
9 Niger	21
10 Mozambique	21
Pour mémoire: Pourcentage de l'APD bilatérale brute	
5 principaux bénéficiaires	30%
10 principaux bénéficiaires	38%
20 principaux bénéficiaires	50%

Par groupe de revenu (USD m)

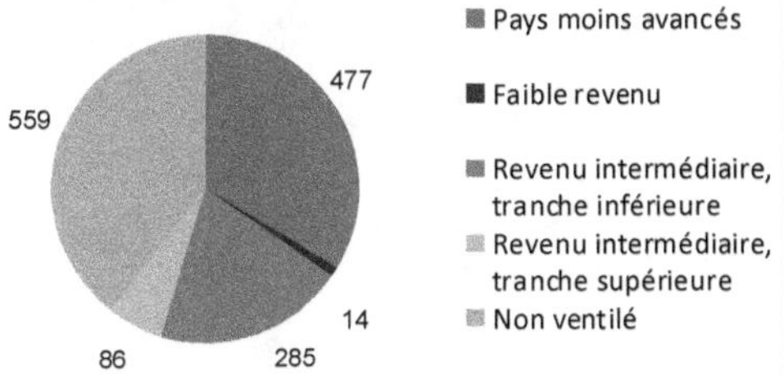

477
14
285
86
559

Pays moins avancés
Faible revenu
Revenu intermédiaire, tranche inférieure
Revenu intermédiaire, tranche supérieure
Non ventilé

Par région (USD m)

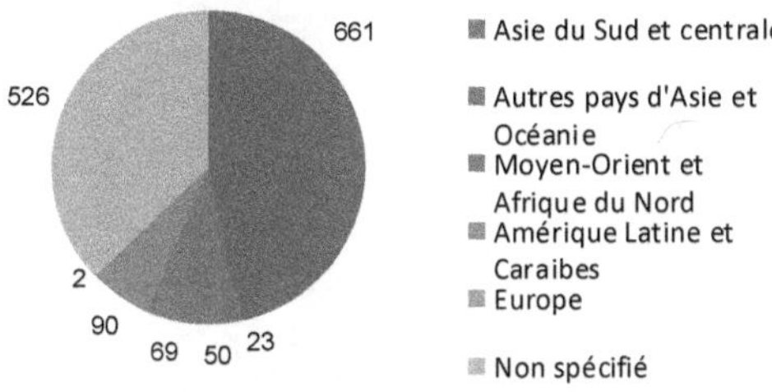

661
23
50
69
90
2
526

Sud du Sahara
Asie du Sud et centrale
Autres pays d'Asie et Océanie
Moyen-Orient et Afrique du Nord
Amérique Latine et Caraibes
Europe
Non spécifié

Par secteur

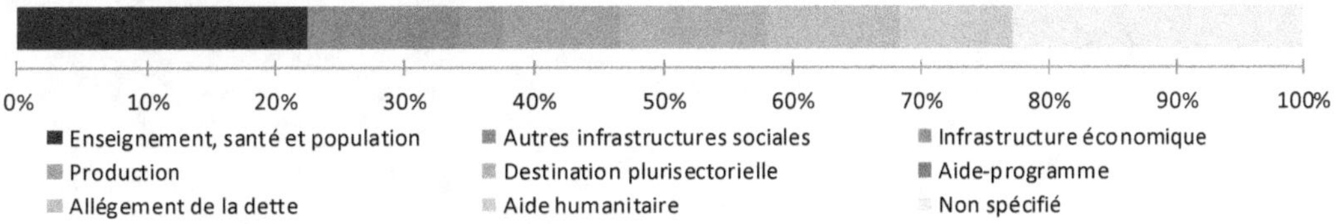

0% 10% 20% 30% 40% 50% 60% 70% 80% 90% 100%

Enseignement, santé et population
Autres infrastructures sociales
Infrastructure économique
Production
Destination plurisectorielle
Aide-programme
Allégement de la dette
Aide humanitaire
Non spécifié

Source : OECD - DAC ; www.oecd.org/dac/stats

Graphique 0.1 Mise en œuvre des recommandations de l'examen par les pairs de 2010

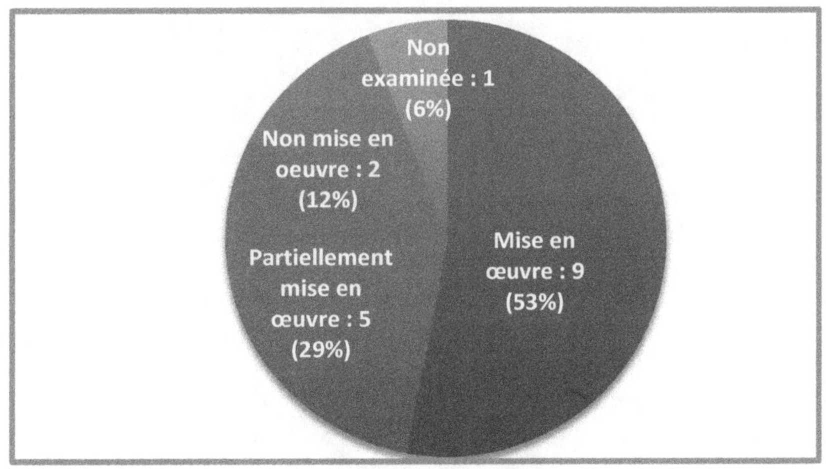

Contexte de l'examen par les pairs de la Belgique

Contexte

La Belgique est un État fédéral de 11 millions d'habitants. Elle est dirigée depuis octobre 2014 par une coalition de quatre partis politiques alliant libéraux, chrétiens-démocrates et nationalistes flamands.

L'économie de la Belgique est très ouverte et fortement intégrée aux grandes économies d'Europe que sont la France, l'Allemagne, les Pays-Bas et le Royaume-Uni (*ibid.*). Selon l'OCDE, l'activité économique belge a relativement bien résisté à la crise financière et enregistre une progression depuis le début 2013. Toutefois, la reprise demeure fragile. La croissance économique restera modérée, en raison de la faiblesse de l'activité économique dans l'Union européenne (UE) et de l'atonie de la demande intérieure, due pour partie à l'assainissement des finances publiques (OCDE, 2015).

Elle obtient de bons résultats au regard de nombreux critères de l'Indicateur du vivre mieux de l'OCDE. En 2014, le pays membre s'est en effet classé au-dessus de la moyenne des 36 pays pour ce qui concerne l'équilibre vie professionnelle/vie privée, le revenu et le patrimoine, le logement, l'engagement civique, l'éducation et les compétences. En revanche, il est en-dessous de la moyenne concernant la qualité de l'environnement et la sécurité personnelle.

Assurer l'équilibre budgétaire d'ici 2018 et accroître l'emploi et la compétitivité font partie des priorités du nouveau gouvernement fédéral. D'importantes coupes ont été apportées aux dépenses des administrations et services publics, ce qui se reflète dans la coopération au développement, objet du présent rapport.

Sources :

Economist Intelligence Unit (EIU*)*, « Belgium » décembre 2014, EIU, Londres.

OCDE (2015), *Études économiques de l'OCDE : Belgique 2015*, Éditions OCDE, Paris, http://dx.doi.org/10.1787/eco_surveys-bel-2015-fr.

OCDE (2014), *How's Life in Belgium ? Initiative vivre mieux de l'OCDE,* Paris, http://www.oecd.org/statistics/BLI%202014%20Belgium%20country%20report.pdf.

SPF AE (2014), *Examen par les pairs de la Belgique 2015 — Mémorandum*, Document présenté à l'occasion de l'examen de l'aide belge par les pairs du CAD de l'OCDE, Bruxelles.

Principales conclusions et recommandations du CAD

1 Vers un effort global de la Belgique à l'appui du développement

Indicateur : le membre a une conception stratégique d'ensemble du développement et du financement du développement au-delà de l'APD. Cette conception transparaît dans les politiques de portée générale, dans la coordination au sein du système administratif et dans les activités qui sont menées

Principales conclusions

La Belgique suit une démarche stratégique dans ses efforts de promotion d'un développement durable au-delà de son programme d'aide. Elle est fortement attachée à l'existence d'un environnement réglementaire international inclusif, qu'elle juge essentiel pour faire face aux risques publics mondiaux. Les autorités belges plaident pour la paix et la sécurité, les crises oubliées, les orphelins de donneurs et les pays les moins avancés, à l'échelon de l'Union européenne (UE) et au niveau international. Elles participent activement au débat sur le programme d'action de l'après-2015 et leur nouvelle stratégie environnementale est axée sur les biens publics mondiaux.

Ainsi, lors des négociations sur le budget de l'UE, la Belgique a préconisé l'intégration d'un indicateur de la fragilité dans le modèle utilisé par la Direction Générale de Développement et Coopération (DG DEVCO) pour l'affectation des ressources. En consacrant une part importante de son aide publique au développement (APD) aux pays les moins avancés (PMA), elle incite la communauté internationale à respecter l'objectif fixé par les Nations Unies concernant les apports d'aide à ces pays, soit entre 0.15 et 0.20% du RNB.

Sur le plan intérieur, la Belgique a mis en place l'assise juridique et stratégique nécessaire pour pouvoir tenir son engagement d'appliquer des politiques nationales favorables au développement. Cela est conforme à la recommandation issue de l'examen par les pairs de 2010. La cohérence des politiques au service du développement est clairement inscrite dans la loi fédérale de 2013 sur la coopération belge et l'aide humanitaire.

La mise en place d'institutions propres à garantir que les politiques favoriseront l'instauration d'un développement durable et ne lui nuiront pas, demande toutefois du temps. Il faut notamment susciter l'adhésion et l'engagement de l'ensemble de l'administration, recenser et approuver de manière concertée les questions prioritaires, avec un plan pour les mettre en œuvre, et faire en sorte que les mécanismes de coordination institutionnelle, nouveaux ou existants, permettent d'appréhender les politiques et d'arbitrer entre elles selon l'optique du développement. L'un des principaux défis à relever est de mobiliser les ministères fédéraux et de renforcer leur aptitude à évaluer l'impact des politiques nationales sur le développement.

Les Régions et Communautés belges ont leur propre approche de la cohérence des politiques au service du développement. Pour l'avenir, la déclaration commune qu'elles ont adoptée en mai 2014 avec l'administration fédérale marque un progrès important dans la coordination des positions : les signataires se sont engagées à tenir compte des questions de développement dans toutes les politiques, à se coordonner aux niveaux fédéral, interfédéral et européen, et à prendre en considération l'impact des décisions concernant l'environnement, l'agriculture, l'économie, le commerce, les finances, les migrations, la sécurité et l'énergie, sur les objectifs internationaux de développement.

De plus, le riche vivier de chercheurs et d'acteurs de la société civile que possède la Belgique peut mettre ses compétences au service d'une analyse fructueuse des problèmes de cohérence. L'arrêté royal de 2014 sur la Commission interdépartementale invite les ONG à documenter les bénéfices de la cohérence au profit des stratégies de coopération au développement.

La Belgique s'emploie à renforcer l'approche qui consiste à prendre appui sur l'APD et d'autres instruments pour accroître l'investissement privé au service du développement, en particulier en faveur du secteur privé des pays en développement. Il existe plusieurs dispositifs à l'appui de cet objectif – dont certains sont sous forme d'aide liée ou de promotion des exportations. La Société belge d'Investissement pour les pays en développement (BIO), qui appuie les entreprises du secteur privé des pays partenaires, joue un rôle particulièrement prometteur.

Maintenant que BIO a passé un contrat de gestion avec l'État belge et renforcé son rôle d'acteur public de la coopération au développement, les possibilités d'accroissement du financement privé à l'appui du développement sont encore plus grandes. Celle-ci est aussi en train de mettre en place un mécanisme de suivi et d'évaluation pour apprécier l'impact de ses investissements sur le développement. La coordination plus systématique qu'il est prévu d'assurer entre les acteurs belges publics et privés qui soutiennent le développement du secteur privé local, pourra aussi contribuer à stimuler les synergies et à accroître la cohérence des activités menées dans les pays partenaires.

Recommandations

1.1 Maintenant que la Belgique a mis en place l'assise nécessaire à des politiques plus cohérentes, elle devrait élaborer un plan d'action portant sur quelques questions d'importance stratégique sur lesquelles elle peut avoir une influence, et utiliser les mécanismes institutionnels de manière pragmatique.

1.2 La Belgique devrait renforcer plus encore l'impact des investissements de BIO sur le développement et s'assurer que les autres instruments publics de financement destinés à mobiliser les investissements privés au profit des pays en développement contribuent également au développement durable.

2 Vision et politique de la Belgique en matière de coopération pour le développement

Indicateur : la politique de coopération pour le développement du membre s'articule autour d'orientations politiques, d'axes et de stratégies clairement définis et conformes aux engagements internationaux qui ont été pris

Principales conclusions

La loi fédérale de 2013 sur la coopération au développement énonce clairement l'ambition globale de la Belgique dans ce domaine, qui est de « contribuer à un développement humain durable ». Nombreux sont ceux qui adhèrent à cette loi et se la sont appropriée : des acteurs très divers ont participé à son processus d'actualisation, de trois ans, et certaines de leurs priorités ont été prises en compte. Si elle ne s'applique pas aux entités fédérées, elle est conforme à leurs priorités.

Depuis 2010, la Belgique a fait de grands progrès avec son cadre stratégique, conformément aux recommandations formulées lors du dernier examen par les pairs. Ainsi :

- la loi couvre désormais un champ plus vaste puisqu'elle englobe aussi bien l'aide au développement que l'aide humanitaire. Elle traite aussi de la façon dont la Belgique va soutenir le développement du secteur privé dans les pays en développement. Toutefois, les liens entre le programme de développement et le programme humanitaire n'ont pas été renforcés, mais la Belgique utilise les fonds humanitaires pour des activités de réhabilitation et de relèvement;
- les nouveaux documents de stratégie sectoriels et thématiques sont plus concrets. Élaborées en étroite concertation avec le personnel belge dans les pays partenaires, les ONG et le milieu de la recherche, ces stratégies mettent à profit les faits observés sur le terrain et l'expérience des partenaires;
- de caractère pragmatique, la nouvelle stratégie concernant les situations de fragilité propose des outils pratiques pour la programmation et constitue pour tous les acteurs belges un précieux guide pour l'engagement dans ces situations;
- enfin, la stratégie multilatérale de 2011 donne la priorité à l'efficacité du soutien apporté dans ce domaine. La politique de la Belgique consistant à verser des contributions pluriannuelles au budget central de ses partenaires multilatéraux permet d'améliorer la prévisibilité tout en réduisant les coûts administratifs, approche très appréciée par ses partenaires.

En même temps, les pouvoirs publics se sont engagés à procéder à de nouvelles améliorations stratégiques qui, si elles se concrétisent, pourraient modifier le visage de la coopération belge au développement. Afin d'accroître les dimensions, l'impact et la qualité de ses programmes et partenariats, la Direction générale de la coopération au développement et de l'aide humanitaire (DGD) affectera une part plus importante de son aide aux pays les moins avancés (PMA) et aux situations de fragilité. Elle travaillera aussi avec un plus petit nombre de partenariats, qu'il s'agisse d'organismes multilatéraux, d'ONG ou de pays en développement.

En mai 2015, la Belgique a fait passer le nombre des partenaires de sa coopération de gouvernement à gouvernement de 18 à 14 pays, parmi lesquels 12 PMA et 8 pays en situation de fragilité. Au cours des quatre prochaines années, elle va aussi cesser progressivement ses activités de coopération gouvernementale dans six pays à revenu intermédiaire. Consciente qu'il faut gérer avec discernement le désengagement de pays partenaires très anciens, elle note, dans la stratégie nouvelle, et solide, qu'elle consacre aux pays à revenu intermédiaire, que sa relation avec eux va non pas cesser, mais évoluer de façon à mieux répondre à certaines exigences. En réduisant peu à peu ses programmes gouvernementaux de coopération pour le développement dans ces pays, la Belgique aurait intérêt à s'inspirer de l'expérience et des évaluations des autres membres du CAD.

La place privilégiée que fait la Belgique à la réduction de la pauvreté dans la coopération au développement est notamment reflétée par le soutien qu'elle apporte aux PMA et aux situations de fragilité. Si elle n'a pas défini d'orientations spécifiques pour cet objectif, elle affirme qu'elle axera ses efforts sur une croissance économique inclusive, qui permettra d'éliminer la pauvreté, l'exclusion et les inégalités. Étant donné la multiplicité des priorités thématiques et sectorielles qui sont énoncées dans la législation, les politiques et les stratégies belges, le risque existe d'affaiblir l'importance accordée à la lutte contre la pauvreté.

Les questions d'environnement semblent mieux intégrées dans la coopération belge au développement que celle de l'égalité des sexes et de l'autonomisation des femmes. La vaste et ambitieuse stratégie de la Belgique sur l'environnement s'appuie sur des outils et des activités de formation mis au point par la plateforme de recherche sur le climat et l'environnement (KLIMOS) et dans le cadre de l'initiative ACROPOLIS. La DGD prévoit d'actualiser la note stratégique de 2002 sur le genre, exercice qui peut être étayé par les conclusions et recommandations de la récente évaluation sur le genre et le développement.

Recommandations

2.1 Afin de démontrer que son programme de coopération au développement vise les besoins des populations pauvres, selon la volonté qu'elle a exprimée à travers ses engagements, la Belgique devrait définir des orientations pratiques et promouvoir le suivi et l'évaluation des effets produits sur la pauvreté.

2.2 La Belgique devrait concrétiser son engagement en faveur de l'intégration du principe de l'égalité des sexes et de l'autonomisation des femmes en mobilisant le leadership, les capacités et outils nécessaires.

3 Répartition de l'aide publique au développement de la Belgique

Indicateur : le pays membre met tout en œuvre pour atteindre les objectifs d'APD fixes aux niveaux national et international

Principales conclusions

La Belgique a inscrit dans les textes son engagement de consacrer 0.7 % du revenu national brut (RNB) à l'aide publique au développement. Pourtant, son aide diminue considérablement depuis 2010, année où elle a enregistré le niveau record de 3 milliards USD, soit l'équivalent de 0.64 % du revenu national. En 2014, l'APD belge s'est établie à 2.4 milliards USD, soit 0.45 % du RNB. Ce ratio est certes supérieur à la moyenne du CAD (0.30 %) mais il devrait tomber à 0.38 % d'ici 2019 en raison des importantes coupes approuvées par le gouvernement dans le budget 2015 – environ 750 millions EUR par rapport aux projections pluriannuelles de 2014. De ce fait, la Belgique ne pourra pas respecter son engagement à moyen terme.

Comme dans d'autres pays du CAD, ces compressions sont opérées dans le contexte de l'engagement pris par les pouvoirs publics de faire baisser les déficits budgétaires. Cependant, la diminution du budget de l'aide nuit à la crédibilité des promesses de la Belgique ainsi qu'à sa réputation alors même que la communauté internationale négocie le programme de développement pour l'après-2015 et que les membres du CAD font l'objet d'une pression internationale grandissante pour que leurs engagements soient tenus. Les autorités belges n'ont encore donné aucun signe permettant de savoir quand le budget de l'aide pourra renouer avec la croissance, ni établi de calendrier pour atteindre l'objectif de 0.7 %.

Si les perspectives budgétaires sont mauvaises, la clarification des économies à réaliser d'ici 2019 a amélioré la prévisibilité globale de l'aide. Cependant, la DGD a la difficile tâche d'opérer concrètement les coupes. Si elle a un peu de temps devant elle puisque les réductions affectant le programme ne seront effectives qu'en 2017, ses principaux partenaires sont dans une grande incertitude concernant les financements futurs et ils doivent se préparer à d'éventuelles compressions.

Toutes les lignes budgétaires – organisations multilatérales, organisations non gouvernementales, aide humanitaire et coopération de gouvernement à gouvernement – seront affectées. Dans le même temps, la stratégie et les critères utilisés par la Direction pour effectuer les coupes doivent être cohérents avec la décision du gouvernement d'axer davantage son programme sur un nombre plus restreint de partenaires et d'accroître les synergies entre les différentes lignes budgétaires.

Les données du CAD montrent que les dotations d'aide bilatérale sont fortement concentrées sur l'Afrique et les PMA, 70 % de l'APD étant allés à l'Afrique subsaharienne en 2013. Cela est conforme aux priorités de la Belgique. De plus, la même année, la Belgique a consacré 0.16 % de son RNB aux PMA, atteignant ainsi l'objectif fixé par l'ONU visant à consacrer à l'APD à ces pays entre 0.15 % et 0.20 % du RNB. L'aide aux États fragiles semble faible cependant compte tenu de la volonté déclarée de la Belgique de concentrer ses efforts sur eux : elle était de 465 millions USD en 2013, représentant 34 % de l'APD bilatérale totale. Néanmoins en 2014, la Direction générale a bien alloué à ces pays 66 % du budget de la coopération gouvernementale.

La répartition de l'aide témoigne aussi de la priorité que la Belgique accorde à la coopération multilatérale : entre 2008 et 2013, elle a alloué en moyenne 38 % de son APD aux organisations multilatérales et 13 % supplémentaires à des contributions multi-bi.

Les secteurs prioritaires apparaissent avec moins d'évidence dans la répartition de l'aide, notamment les secteurs productifs, et plus particulièrement l'agriculture Cependant, selon la DGD, la Belgique a presque atteint l'objectif qu'elle s'est fixé d'investir 15 % de son APD totale dans l'agriculture – (13.4 % en 2013).

La Belgique n'a pas arrêté de dates butoirs pour réaliser ses objectifs consistant à consacrer aux PMA 50% de son APD totale et 0.25% de son RNB (ce qui est supérieur à l'objectif fixé par les Nations Unies pour l'APD à ces pays, soit entre 0.15 et 0.20% du RNB). Pour tenir sa promesse, elle va devoir augmenter son aide à ces pays mais on ne sait pas encore très bien comment elle va s'y prendre. Si la nouvelle liste des pays partenaires de la coopération gouvernementale fait la part belle aux PMA, l'aide-pays programmable de la Belgique est relativement faible, avec une part de 28 % contre 54.5 % pour la moyenne du CAD. Vingt-cinq pour cent de l'aide bilatérale sont alloués sous la forme de contributions du budget central des ONG tandis que l'aide humanitaire, les coûts des réfugiés et les coûts imputés des étudiants représentent ensemble environ un autre quart de l'aide bilatérale.

Recommandations

3.1 Pour respecter ses engagements internationaux, la Belgique devrait mettre fin au déclin de son APD et commencer à planifier l'augmentation de ses dotations afin d'atteindre l'objectif auquel elle a souscrit visant à consacrer 0.7 % du RNB à l'APD.

3.2 La Belgique devrait veiller à ce que sa stratégie et les critères utilisés pour opérer les coupes budgétaires entre 2017 et 2019 lui permettent de respecter ses engagements en matière de répartition géographique et sectorielle de l'aide. Elle devrait s'entretenir activement de sa stratégie avec ses partenaires clés.

3.3 La Belgique devrait se donner une date butoir pour réaliser ses objectifs en vue d'accroître son APD en faveur des PMA à travers les différents canaux d'acheminement de son programme d'aide.

4 Gestion de la coopération de la Belgique en matière de développement

Indicateur : le membre a une conception de l'organisation et de la gestion de son programme de coopération pour le développement adaptée au but recherché

Principales conclusions

Depuis l'examen par les pairs de 2010, la Belgique a renforcé la direction et la gestion de son système institutionnel de coopération au développement, afin de lui donner un caractère plus stratégique et d'améliorer la coordination et la qualité de ses activités dans ce domaine.

En particulier, la Direction générale de la coopération au développement et de l'aide humanitaire au sein du ministère des Affaires étrangères, du Commerce et du Développement, qui gère au moins 60 % du budget de l'aide, est davantage en mesure de guider le système de manière stratégique. Le Comité de gestion stratégique approuve désormais les politiques et les stratégies avant qu'elles ne soient soumises au ministre de la Coopération au développement.

Le plan de management 2013-19 du Directeur général explique clairement comment les procédures internes devront évoluer pour que la coopération belge au développement soit bien adaptée à sa finalité. Les objectifs stratégiques concernent, par exemple, la nécessité d'investir dans les compétences spécialisées, d'optimiser la coordination entre les différentes composantes du système, et de faire en sorte que la DGD soit dotée de procédures plus efficaces, d'une orientation plus forte vers les résultats, d'une meilleure assurance-qualité et d'une plus grande aptitude à la gestion des risques.

Les contrats de gestion nouveaux ou actualisés avec les principaux organismes d'exécution, à savoir la Coopération technique belge (CTB) et la Société belge d'investissement pour les pays en développement, précisent les rôles et les responsabilités à l'égard de la DGD, conformément à la recommandation issue de l'examen par les pairs de 2010. De plus, l'échange d'informations entre l'administration fédérale et les régions s'est amélioré grâce à la tenue de réunions régulières (semestrielles).

Toutefois, la DGD et la CTB reconnaissent qu'elles doivent continuer d'adapter leurs structures organisationnelles et leurs modèles d'activité de façon à rester en phase avec l'évolution constante du paysage de la coopération au développement et des besoins des pays en développement. En particulier, des questions se posent sur le degré d'intégration de la coopération au développement et de la politique étrangère, et sur la façon dont devraient évoluer les modalités actuelles d'acheminement de la coopération de gouvernement à gouvernement, notamment la coopération technique.

En délégant aux acteurs sur le terrain des compétences plus importantes en matière financière et concernant la programmation, la Direction générale et l'Agence seront plus à même de participer au dialogue sur les mesures à prendre et aux activités de coordination avec le gouvernement et les autres partenaires tout en étant en meilleure position pour évaluer les risques dus au contexte et aux programmes et projets, suivre l'évolution des demandes et des besoins et y répondre avec souplesse. Par exemple, comme elle va intensifier son engagement dans les États fragiles, la Belgique devra faire en sorte que les ressources requises soient présentes sur le terrain, notamment que la délégation de pouvoirs soit suffisante, afin d'assurer l'efficacité de ses programmes dans ces contextes en évolution rapide. L'examen auquel la CTB a récemment soumis son modèle organisationnel en République démocratique du Congo pourrait lui servir de base pour ajuster ses structures de programmation dans d'autres pays.

Il était ressorti du précédent examen par les pairs que la gestion des ressources humaines représentait un défi majeur, en particulier au sein du ministère des Affaires étrangères. Peu de progrès ont été faits depuis, et il reste au ministère à trouver des moyens efficaces d'avoir une masse critique de compétences en matière de développement là où c'est nécessaire, dans les services centraux et sur le terrain. Les effectifs du ministère doivent encore diminuer : en 2014, la DGD comptait 150 agents dans les services centraux et 73 attachés d'ambassade mais d'ici à 2019, 61 agents auront pris leur retraite. De plus, les règles en vigueur empêchent les agents de la carrière interne d'acquérir une expérience indispensable du développement sur le terrain. Cependant, la CTB dispose de bons spécialistes et a une forte présence sur le terrain, encore que la majeure partie de son personnel soit employée sur des projets qu'elle gère conjointement avec le partenaire.

Enfin, si la DGD possède un plan annuel pour la formation de son personnel et si la CTB fait une place très prioritaire à la formation et au perfectionnement de ses agents, les ressources sont limitées dans les deux organisations, et il a été constaté, au Rwanda, que la demande de formation de la part du personnel de terrain était forte.

Recommandations

4.1 Tirant parti des récentes réformes, la Belgique devrait faire en sorte que ses modèles d'activité pour la coopération au développement soient à même de s'adapter et de répondre à l'évolution des priorités et des besoins des pays en développement, en particulier ceux des PMA et des pays en situation de fragilité, comme à celle de l'environnement mondial.

4.2 La Belgique devrait veiller à ce qu'il y ait adéquation entre ses approches de la gestion et de la mise en œuvre de la coopération au développement, et les ressources humaines disponibles dans l'ensemble du système de coopération au développement, afin de pouvoir disposer des capacités et du personnel requis là où il convient.

Mise en œuvre et partenariats de la coopération belge

Indicateur : la façon dont le membre conçoit la mise en œuvre de son programme permet de dispenser une aide de qualité dans les pays partenaires, portant au maximum l'impact de son soutien, conformément aux engagements pris à Busan

Principales conclusions

La Belgique œuvre sur plusieurs fronts pour tenter de respecter son engagement d'acheminer une aide de qualité et de porter au maximum l'impact de son APD, conformément au Partenariat de Busan pour une coopération efficace au service du développement.

Fervente partisane de la programmation conjointe de l'UE, elle en a fait une priorité dans sa législation et soutient les processus de l'UE dans ses pays partenaires. La Belgique est appréciée pour l'ouverture, le dynamisme, le pragmatisme et l'esprit constructif avec lesquels elle collabore et assure la coordination avec les autres donneurs. Elle joue aussi un rôle de premier plan dans le domaine du renforcement de l'État, s'appuyant sur les systèmes nationaux lorsque c'est possible comme en atteste son soutien au secteur de l'éducation au Burundi.

L'engagement pris par les autorités de faire entièrement exécuter les projets par les partenaires et d'utiliser les systèmes nationaux peut accroître l'alignement et l'appropriation des programmes par les pays partenaires. En outre, une part croissante de l'APD belge est non liée – 98.1 % en 2013 contre 96.5 % en 2012.

Le processus de budgétisation permet à la Belgique d'assurer à la plupart de ses partenaires une prévisibilité sur plusieurs années. La coopération gouvernementale, qui représentait 25 % du budget de l'aide de la DGD en 2014, est entièrement négociée avec les pays partenaires et les priorités des programmes indicatifs de coopération (PIC) correspondent aux demandes des partenaires. Au Rwanda par exemple, la Belgique investit dans les secteurs qui sont prioritaires pour le gouvernement et respecte la division du travail établie par celui-ci. Elle adopte une approche fondée sur les programmes dans le secteur de la santé où elle apporte un soutien budgétaire. Toutefois, le gros du programme est exécuté par le biais de projets cogérés.

Cependant, la Belgique doit encore améliorer la prévisibilité de ses versements, compromise par d'importants retards dans l'engagement du budget indicatif global des programmes et projets. Selon la DGD, ses nouvelles directives relatives à la programmation s'attaquent à ce problème : les projets seront désormais identifiés avant l'approbation du programme-pays. En outre, la CTB aura plus de liberté pour modifier les réalisations attendues et les activités des projets en fonction de l'évolution de la situation sans avoir à attendre l'approbation des services centraux. Il est trop tôt pour dire si ces changements vont permettre d'améliorer le respect des délais et d'accroître la pertinence. Il sera essentiel de faire connaître les nouvelles procédures aux partenaires afin que ceux-ci puissent comprendre quel rôle ils ont à jouer et comment ils doivent participer à la réalisation des activités, et de tenir compte de leurs attentes.

La DGD envisage de recourir plus systématiquement à l'analyse des risques pour la planification et la programmation dans un contexte politique de tolérance au risque limitée. De ce fait, il est difficile de trouver le juste équilibre entre la prise de risque nécessaire pour saisir les opportunités de développement et le refus du risque. Cette situation pourrait nuire aussi à la capacité de la DGD et de la CTB à innover en utilisant de nouveaux moyens d'acheminer la coopération au développement.

Des progrès ont été observés concernant la consultation à l'échelle de l'ensemble de l'administration à Bruxelles (réunions mensuelles sur le Sahel et réunions bimensuelles sur l'Afrique centrale, par exemple). Cependant, ces efforts n'ont pas conduit à l'adoption d'une position belge commune à l'égard des partenaires en situation de fragilité ni à une définition claire des rôles et des responsabilités des différents secteurs de l'administration. Cette occasion manquée de rapprocher les outils de la politique étrangère nuit au renforcement de l'efficacité de la réponse apportée. Par ailleurs, une approche plus stratégique pourrait être adoptée au niveau régional s'accompagnant d'une coopération plus étroite entre les ambassades dans les régions prioritaires, comme vu au Rwanda.

La DGD espère renforcer les synergies entre les instruments et les partenaires qui acheminent son APD dans les pays partenaires. Les dispositions en vigueur pour élaborer des stratégies-pays plus intégrés ont le potentiel d'accroître l'impact et la visibilité de l'ensemble de l'aide de la Belgique. Cependant, convaincre les acteurs gouvernementaux et non gouvernementaux d'accepter cette nouvelle approche est une tâche difficile et un fort soutien de la part des responsables politiques sera essentiel pour y parvenir.

Enfin, si les acteurs non gouvernementaux sont des partenaires majeurs pour l'acheminement de l'APD belge, la DGD n'a pas de stratégie claire précisant les objectifs, le bien-fondé et la valeur ajoutée des partenariats avec la société civile et les approches à adopter. Une telle stratégie pourrait faciliter la mise en œuvre d'importantes réformes destinées à réduire les coûts de transaction. Elle pourrait aussi fournir une base solide pour la répartition du budget alloué aux acteurs non gouvernementaux et le renforcement de l'accent mis sur les résultats, tout en soutenant les conditions favorables à la société civile dans les pays partenaires, comme convenu à Busan.

Recommandations

5.1 La Belgique devrait accélérer les procédures de programmation et accroître la flexibilité de manière à pouvoir utiliser et ajuster les instruments de l'aide en fonction du contexte.

5.2 Une politique clairement définie devrait guider les partenariats avec les organisations de la société civile.

5.3 Pour accroître l'efficacité des réponses apportées dans les situations de fragilité, la Belgique devrait définir une stratégie à l'échelle de l'ensemble de l'administration adaptée à chaque contexte, en précisant clairement les rôles et les responsabilités des différents secteurs de l'administration.

6 La gestion axée sur les résultats et la reddition de comptes dans la coopération au développement de la Belgique

Indicateur : le membre place ses activités de planification et de gestion sous le signe de la gestion axée sur les résultats, de l'apprentissage, de la transparence et de la reddition de comptes

Principales conclusions

La gestion axée sur les résultats pour le développement revêt désormais un degré de priorité élevé pour la Belgique qui a pris tout un ensemble de mesures depuis le dernier examen par les pairs en vue de centrer davantage son programme sur les résultats, de tirer des enseignements du suivi de ceux-ci et d'être davantage redevable des résultats atteints.

Conscients qu'il n'existe pas encore de solide culture des résultats dans la coopération au développement de la Belgique et que les principaux concepts sont peu compris au sein du ministère et des organisations partenaires, les auteurs de la note stratégique « Résultats de développement » ont adopté une approche consultative qui a permis de dégager une vision commune des résultats.

La stratégie relative aux résultats vise également à mettre en place un système qui présente la contribution de la Belgique aux résultats obtenus par les pays partenaires, ce qui est conforme à l'engagement pris à Busan. Si la DGD doit s'assurer que ses partenaires sont dotés de systèmes de gestion axés sur les résultats, elle s'appuie sur ces derniers pour évaluer et rendre compte de la performance de l'aide belge. L'une des principales difficultés sera de veiller à ce qu'ils centrent leurs efforts sur des résultats correspondant aux priorités des pays en développement, évaluent les performances sur la base de ces priorités et s'appuient sur les données et systèmes des pays partenaires. Cette difficulté est moindre au niveau des projets pour lesquels la CTB convient des matrices de résultats avec les gouvernements partenaires – le problème pour la CTB est de mesurer les effets directs sur le plan du développement.

Le système d'évaluation de la Belgique est conforme aux principes du CAD pour l'évaluation : la loi de 2013 sur la coopération au développement distingue les évaluations internes et les évaluations externes conduites par le service de l'évaluation spéciale qui a une politique d'évaluation clairement définie et axée sur les résultats.

Pour renforcer les capacités d'évaluation, la loi stipule que les systèmes d'évaluation des acteurs belges, notamment les ONG, doivent être certifiés au regard des normes internationales relatives à l'évaluation. Le service de l'évaluation spéciale est chargé de cette tâche qui peut être gourmande en temps et en ressources. Compte tenu des coupes opérées dans le budget et les effectifs, la Belgique doit veiller à ce que le service de l'Évaluateur spécial puisse remplir l'ensemble de sa mission.

Une prochaine étape importante consistera pour la Belgique à veiller à ce que les évaluations soient utilisées, plus systématiquement, en tant qu'outils de gestion et prises en compte à des fins d'apprentissage institutionnel. Un certain nombre d'évaluations thématiques ont conduit à la reformulation des notes stratégiques. Toutefois, certaines réponses des directions ne semblent remplir leur rôle de mécanismes d'information en retour assurant le suivi des recommandations.

L'objectif de la DGD de devenir un centre de connaissances pour la coopération au développement tombe à point : la DGD doit mettre en place un système efficace de partage des connaissances dans un contexte de baisse des effectifs et de diminution du nombre d'agents ayant une expérience de terrain.

En 2014, la Belgique a rendu publiques pour la première fois des données sur l'aide selon des normes communes. Elle a également investi dans la mise en place de sa propre base de données en ligne (ODA.be). Il est peu probable cependant qu'elle respecte la date butoir de 2015 pour la publication en temps voulu d'informations détaillées et prévisionnelles. De plus, avec peu d'agents responsables des statistiques et de l'établissement des rapports, elle ne dispose pas aujourd'hui des capacités nécessaires pour tenir à jour une base de données de grande qualité sur le long terme. La Belgique doit par ailleurs renforcer sa capacité à analyser les données de manière à ce que les informations produites par le système contribuent à la prise de décision et permettent de mieux rendre compte des résultats aux partenaires et aux contribuables belges.

La DGD et la CTB collaborent étroitement et de manière stratégique avec les acteurs non gouvernementaux belges pour sensibiliser l'opinion publique aux questions de développement et renforcer son soutien en faveur de la coopération. L'article sept de la loi de 2013, le budget relativement élevé consacré à ces questions ainsi que la priorité donnée à la mise en place de stratégies de communication et d'éducation au développement fondées sur des données probantes témoignent du fort attachement de la Belgique à ces activités. Cependant, la Belgique pourrait communiquer davantage sur les résultats obtenus et les risques encourus dans le cadre de la coopération au développement.

Recommandations

6.1 La Belgique devrait veiller à ce que son nouveau système de gestion axée sur les résultats pour le développement consolide les données notifiées par ses partenaires afin de permettre l'évaluation des performances et rendre compte des effets directs sur le développement tout en éclairant la prise de décision.

6.2 Le Service Évaluation spéciale et la DGD devraient être équipés d'un mécanisme efficace pour assurer le suivi approprié et la mise en œuvre des conclusions des évaluations et des recommandations.

6.3 La DGD devrait transformer son approche de la gestion de l'information en un système efficace de partage des connaissances qui tire des enseignements des résultats et des données probantes pour les mettre au service de la planification prospective.

7 L'aide humanitaire de la Belgique

Indicateur : le membre contribue à réduire au minimum les effets des chocs et des crises, il sauve des vies, atténue les souffrances et préserve la dignité humaine dans les situations de crise et de catastrophe

Principales conclusions

Ces quatre dernières années, la Belgique a fait d'énormes progrès dans son approche stratégique de l'aide humanitaire, modernisant ses cadres juridique, stratégique et budgétaire pour se doter de dispositifs propres à assurer un financement prévisible et de qualité dans des domaines où son action peut apporter une forte valeur ajoutée. De plus, le programme humanitaire présente désormais une orientation stratégique claire, qui se rattache aux priorités stratégiques générales de la Belgique.

De nouveaux outils viennent appuyer la mise en œuvre du nouveau cadre stratégique. La répartition des fonds – inscrits au budget et donc affectés de façon définitive pour quatre ans – privilégie largement les budgets centraux des organisations multilatérales et les fonds communs, de sorte que la Belgique met de fait l'accent sur certains partenariats plutôt que sur des crises et des thèmes particuliers. C'est une stratégie intéressante car elle assure aux partenaires prévisibilité et souplesse, atténue le risque de politisation de la prise de décision, et offre un moyen efficace d'effectuer les versements, compte tenu des effectifs limités du personnel humanitaire de la DGD. Elle facilite aussi l'établissement de partenariats de qualité avec les organismes multilatéraux.

L'équipe humanitaire est utilement associée aux travaux des mécanismes interministériels chargés de s'occuper des crises prolongées et des situations d'urgence, ce qui lui permet d'influer sur l'ensemble de la politique et des actions menées par la Belgique. Cette participation contribue aussi à mieux faire connaître les principes humanitaires dans les différents ministères.

Le nouveau cadre permet une programmation globale dont le champ a été étendu à des domaines comme le relèvement et la réduction des risques. Cependant, les liens entre les programmes de développement et d'aide humanitaire n'ont pas été renforcés mais la Belgique utilise les fonds de l'aide humanitaire pour financer des activités de relèvement et de réhabilitation. La Belgique doit maintenant déterminer comment tirer parti de ces possibilités nouvelles (en particulier dans le domaine de la réduction des risques) – peut-être en inscrivant des éléments de risque dans les stratégies-pays des partenaires au développement.

Le budget disponible est suffisant pour répondre aux objectifs humanitaires de la Belgique, même si, en application des mesures générales d'assainissement budgétaire, il doit diminuer de 25 % au cours des cinq prochaines années.

Son versement a posé des problèmes dans le passé, surtout en raison de procédures administratives qui ne relèvent pas de la DGD, d'où une sous-utilisation des fonds. La DGD doit prendre des mesures pour éviter qu'une telle situation ne se répète.

Bien que les effectifs aient été réduits, l'équipe humanitaire estime être toujours en mesure de gérer le portefeuille humanitaire avec efficacité, surtout depuis que l'accent est mis sur les grands partenariats stratégiques, et non plus sur les dons de faible importance, source d'une lourde charge de travail. Il lui reste cependant peu de temps pour mener une réflexion stratégique ou contribuer aux débats thématiques qui se déroulent au niveau mondial.

Lors du précédent examen par les pairs, il avait été demandé à la Belgique de faire plus de place au suivi des résultats de ses propres activités en tant que donneur et de celles de ses partenaires. La situation a progressé à cet égard sous l'effet du plan de management, mais la façon dont la Belgique évalue ses progrès ou ses résultats n'est pas encore totalement claire. Dans le cas des dons aux ONG, en particulier, l'accent semble fortement mis sur le risque fiduciaire, qui prend largement le pas sur les résultats et l'apprentissage.

Il reste en effet à la Belgique à établir des relations de qualité avec les ONG, qui ont été consultées sur l'approche stratégique globale mais n'étaient plus associées au dialogue sur la stratégie ou la programmation en 2014 et ne disposaient pas d'indications claires sur la marche à suivre pour demander des fonds. Le dialogue a été relancé en 2015.

Les investissements dans des mécanismes de financement communs doivent passer de 39 % du budget (2015) à 50 % (2019). Mais la Belgique n'est pas encore présente dans les conseils d'administration de ces organismes, ce qui restreint les possibilités qu'elle a d'apporter une valeur ajoutée à cette partie de son portefeuille d'activités.

Recommandations

7.1 La Belgique devrait revoir sa stratégie de coopération avec les ONG dans le domaine de l'aide humanitaire, afin de s'assurer qu'elle tire le meilleur parti des partenariats qu'elle établit avec elles. À cette occasion, elle est encouragée à parachever les orientations destinées aux ONG désireuses d'obtenir des fonds pour leurs projets.

7.2 La Belgique devrait préciser comment elle va apporter de la valeur ajoutée aux importants investissements qu'elle consacre aux mécanismes de financement communs, et peut-être devrait-elle, à cette fin, s'engager davantage dans les dispositifs de gouvernance de ces organismes, directement ou en s'appuyant sur d'autres donneurs.

Rapport

Chapitre 1 : Vers un effort global de la Belgique en appui au développement

Enjeux du développement dans le monde

La Belgique milite pour la préservation des biens publics mondiaux principalement dans le cadre de l'Union européenne (UE) et se distingue par sa participation aux traités internationaux relatifs à la sécurité. Elle plaide pour que les crises oubliées et les conflits prolongés s'inscrivent à l'ordre du jour de l'UE et prend part à différentes missions militaires d'opération et de formation de la Politique commune de sécurité et de défense.

La Belgique se distingue par son engagement envers les crises oubliées et les conflits prolongés

La Belgique est représentée dans plusieurs organisations internationales et dans différentes régions du monde. Elle y mène une politique active, en particulier sur certaines questions cruciales telles que la paix et la sécurité, les droits de l'homme et la promotion de l'état de droit, et cela en vue d'œuvrer pour un monde plus juste et plus prospère. La Belgique défend l'idée que les défis mondiaux auxquels la planète est confrontée ne peuvent trouver de solutions que dans un contexte global de régulation. Elle met un accent tout particulier sur la prise de décisions dans la sphère européenne. Par exemple, elle milite pour que les crises oubliées et les conflits prolongés soient à l'ordre du jour de l'Union européenne (UE). Dans le cadre des négociations sur le budget de l'UE, elle plaide pour un indicateur de l'aide en faveur des pays en situation de fragilité. La Belgique se distingue aussi par sa participation aux traités internationaux sur la sécurité (CDI 2014 et 2013) et a pris part à différentes missions militaires d'opération et de formation de la Politique de sécurité et de défense commune de l'UE.

La Belgique est également active dans les débats internationaux portant sur la mise en place d'un cadre de développement durable post-2015. Sa nouvelle stratégie sur l'environnement est articulée autour des biens publics mondiaux (DGD, 2014a).

Cohérence des politiques au service du développement

Indicateur : Les politiques conduites sur le plan intérieur ne nuisent pas aux efforts de développement des pays partenaires

La Belgique bénéficie de nombreux atouts pour renforcer la cohérence des politiques au service du développement (CPD). La CPD est ancrée dans la nouvelle loi fédérale relative à la coopération belge et à l'aide humanitaire ; elle est appuyée par une déclaration commune aux niveaux fédéral et fédéré ; des mécanismes existent qui peuvent servir de terrain pour promouvoir cette approche et de nombreux acteurs de la société civile belge ont des capacités d'analyse en la matière. Cependant, l'intérêt et l'engagement portés à ce domaine ne semblent pas partagés à tous les niveaux du gouvernement. La mise en place du dispositif envisagé par le gouvernement a pris du retard et les thèmes à traiter en priorité doivent encore être identifiés. La mise en œuvre de l'engagement de la Belgique en faveur de politiques favorables au développement continue donc d'être un défi malgré les progrès enregistrés.

La Belgique s'est fermement engagée en faveur de la cohérence des politiques au service du développement mais n'a pas encore identifié ses priorités

L'examen par les pairs de 2010 avait pointé les manquements belges en matière de cohérence des politiques au service du développement, dont l'absence d'une déclaration de principe(OCDE, 2010). Depuis l'examen, on observe une évolution positive et plusieurs signes de prise de conscience au plus haut niveau de l'importance de cet enjeu, avec notamment la mention de cet objectif dans la loi relative à la Coopération au développement adoptée le 19 mars 2013 qui « reconnait la contribution de la CPD aux objectifs généraux du développement de la Belgique et à l'efficacité de l'aide ». L'engagement envers la CPD est donc une réalité juridique et politique de la Belgique et peut servir de socle à la mise en œuvre concrète de cette approche[1].

Il est important de rappeler que la loi ne s'applique qu'à la coopération du Gouvernement fédéral et non pas aux entités fédérées. En effet, la Région flamande, la Région Wallone et la Fédération Wallonie-Bruxelles et les Communautés ont leur propre approche de la CPD[2]. C'est pourquoi la déclaration du 23 mai 2014 dans laquelle le gouvernement fédéral et les gouvernements des Communautés et Régions affirment leur engagement en matière de cohérence des politiques pour le développement acquiert une valeur particulière. En effet, les signataires engagent la Belgique à prendre en compte les questions de développement dans l'ensemble de ses politiques, à se coordonner au niveau fédéral, interfédéral et européen, et à tenir compte de l'impact sur les objectifs de développement internationaux des décisions touchant l'environnement, l'agriculture, l'économie, le commerce, la finance, la migration, la sécurité et l'énergie (Royaume de Belgique, 2014e).

Malgré son engagement, la Belgique n'a pas encore recensé de problèmes d'incohérence à traiter en priorité, ni défini de plan assorti d'échéances pour résoudre des cas probables ou notoires d'incohérence. Le fait que le ministre de la Coopération ait exprimé son intention de fixer des « pistes prioritaires » dans les domaines retenus par l'Union européenne est encourageant.

Néanmoins, comme la plupart des membres du CAD, la Belgique a encore beaucoup de chemin à parcourir pour résoudre les problèmes d'incohérence de ses politiques. Dans le classement du *Commitment for Development Index 2014*, elle se place au 16e rang des 27 pays (elle était au 10e rang en 2013). Si la Belgique se distingue par son faible taux de production de combustibles fossiles et par sa participation aux traités internationaux sur la sécurité, son score global est terni par le niveau élevé de subventions destinées à l'agriculture ainsi que par les exportations d'armes à destination de gouvernements pauvres et non démocratiques (CDI, 2014 et 2013). Par ailleurs, le groupe de travail de l'OCDE sur la corruption juge que la Belgique ne fait pas suffisamment d'efforts concernant la lutte contre la corruption d'agents publics étrangers par des particuliers et des entreprises belges, y compris du point de vue des ressources disponibles et du cadre légal associé à cette lutte (OCDE, 2013).

L'ambitieux dispositif institutionnel tarde à se concrétiser

Le nouveau dispositif institutionnel destiné à la cohérence des politiques en faveur du développement repose sur la mise en place de plusieurs mécanismes[3] destinés à permettre à la Belgique de respecter ses engagements au niveau européen, en plus de répondre aux recommandations du CAD (annexe A).

En réalité, la mise en place d'un dispositif aussi ambitieux est complexe et tarde à se concrétiser en raison, entre autres, de blocages entre les différents niveaux de pouvoir de l'Etat fédéral et des entités fédérées et la préférence des entités fédérées d'utiliser les structures existantes. C'est ainsi que la création de la Conférence interministérille a été suspendue en raison de l'existence d'instances permanentes de coordination. Il n'est toutefois pas sûr que ces instances traitent en pratique des questions de CPD. Si la Coormulti[4] ou le forum semestriel regroupant la DGD et les administrations des entités fédérées compétentes en matière de coopération au développement[5] garantissent bien que ces questions sont portées au niveau politique, il semble qu'à ce stade aucun système n'a été officiellement désigné pour assurer le suivi des discussions afférentes. En revanche, la CPD fait l'objet d'une discussion spécifique dans les réunions de la Direction générale Coordination et Affaires européennes du SPF Affaires étrangères destinées à préparer la contribution belge au rapport bisannuel de la Commission européenne. Le Conseil des ministres peut lui aussi servir de terrain pour débattre des enjeux de cohérence. Le fait que le ministre de la Coopération fasse partie du Conseil est déterminant pour faire passer des messages relatifs au développement.

Quant à la Commission interdépartementale[6] qui est un mécanisme clé du dispositif envisagé, sa création a pris du retard, certains ministères et entités tardant à nommer des représentants. Ce retard est dommageable, la Commission ayant potentiellement un rôle-clé à jouer, en préparant notamment des questions dont le Conseil des ministres pourra se saisir. La « cellule cohérence » qui doit appuyer la Commission, est en place mais ne dispose pas encore de ressources suffisantes pour incarner la « force d'impulsion » souhaitée. Le Conseil consultatif, représentant les coupoles ONG et le milieu académique, a décidé de se concentrer sur le commerce au niveau européen, la stratégie des Grands Lacs, la préparation des positions belges destinées à la Banque mondiale et les droits de la personne et des entreprises. Il est important que quel que soit le thème, les discussions du Conseil ne se limitent pas à la recherche de la cohérence politique mais que l'approche soit également axée sur le développement.

De manière générale, les services publics fédéraux ne sont pas encore suffisamment mobilisés et n'ont pas la capacité d'examiner l'incidence de leurs politiques sur les pays en développement. La conduite d'une formation « cohérence des politiques pour le développement » prévue en mars 2015 pour les membres « provisoirement désignés » de la Commission interdépartementale est bienvenue, mais il faudra attendre plusieurs mois avant d'en mesurer les effets.

L'utilité de l'analyse d'impact de la réglementation n'est pas apparente

En ce qui concerne l'analyse des questions que pose la cohérence des politiques au service du développement, depuis 2014 les avant-projets de loi, les projets d'arrêtés royaux et les propositions de décisions soumis au Conseil des ministres doivent être examinés à travers l'analyse d'impact de la réglementation (AIR). De cette façon, d'éventuelles corrections ou mesures d'accompagnement peuvent être apportées.

Même si son objectif est louable, notamment parce qu'elle favorise la transparence, l'analyse d'impact de la réglementation a un effet limité sur la cohérence. Elle laisse peu de place à d'éventuels changements de cap et n'a pas encore repéré de projets de réglementation nationale pouvant avoir un impact autre que marginal sur des pays en développement. Par ailleurs, elle ne traite pas des projets de loi liés à la sécurité nationale et aux traités internationaux, y compris ceux ayant une implication sur le développement (fiscalité, commerce, corruption). L'utilité d'une telle approche pour la CPD n'est donc pas apparente.

La Belgique bénéficie d'une vivier particulièrement riche d'ONG, de chercheurs et universitaires qui pointent régulièrement des cas d'incohérence de la politique belge. L'examen par les pairs de 2010 recommandait de mettre à profit leurs capacités d'analyse afin de surveiller les retombées de diverses politiques pour le développement (annexe A). Désormais l'arrêté royal du 2 avril 2014 incite les ONG belges à apporter un soutien technique à l'« intégration de la CPD dans les notes stratégiques de la Coopération belge au développement » (Royaume de Belgique, 2014c). Ces organisations doivent toutefois poursuivre leur mobilisation en ce sens de manière à produire des analyses pertinentes pour la conduite des affaires gouvernementales.

Les retards dans le dispositif et le choix des priorités freinent l'élaboration des rapports destinés au Parlement fédéral

Du fait des retards dans la mise en œuvre du dispositif en charge de la CPD, la Belgique n'est pas encore en mesure de rendre compte des progrès accomplis dans ce domaine. En effet, la loi prévoit que le rapport annuel sur la coopération belge au développement présente les recommandations y afférant au Parlement fédéral. Ce rôle incombera à la « cellule cohérence ». En l'absence de la Commission interdépartementale, qui est la clef de voûte du dispositif, et d'analyses sur des thèmes prioritaires, il est difficile d'envisager avant quelque temps un rapport exhaustif sur l'avancement de la CPD.

Financement du développement

Indicateur : Le membre apporte des concours au financement du développement venant s'ajouter à l'APD

La Belgique mobilise des ressources pour le développement en complément de l'APD. Elle soutient en particulier les investissements du secteur privé local. La pertinence pour le développement de certains de ses instruments peut encore être renforcée.

L'APD appuie l'essor d'un secteur privé au service des efforts de développement humain durable

La Belgique dispose d'une stratégie de mobilisation des ressources pour le développement qui passe par l'appui au développement d'un secteur privé local visant spécifiquement les PME, l'APD devant alors jouer un rôle de catalyseur[7]. Cette approche est introduite par la loi de coopération[8] et est détaillée dans la note stratégique relative au développement du secteur privé local (DGD, 2013b). La Belgique entend par ailleurs mobiliser les entreprises et investisseurs belges dans le financement du développement (De Croo, 2014). La stratégie de mobilisation des ressources inclue aussi la mobilisation des ressources domestiques, y compris fiscales, affectées au développement (De Croo, 2014).

La Belgique dispose d'outils pour mobiliser des ressources additionnelles, principalement au niveau du secteur privé local

La Belgique dispose d'une variété d'instruments afin de mobiliser des ressources additionnelles, principalement celles du secteur privé. L'orientation en faveur du développement de ces ressources dépend toutefois des instruments utilisés.

Les instruments de mobilisation du secteur privé local, dont BIO est le principal[9], connaissent une forte orientation théorique vers le développement. Les investissements réalisés par BIO ont un effet catalyseur, les institutions bénéficiaires ayant été en mesure par la suite d'attirer des financements privés additionnels (SES, 2014). Si la sélection des projets assure qu'ils seront en théorie au service du développement, BIO doit désormais mettre en œuvre ces nouvelles procédures de suivi afin de mesurer en pratique leur efficacité de développement. En complément de cet outil, mais à une échelle plus limitée, le Trade for Development Center fournit un appui technique ou financier aux producteurs dans les pays prioritaires qui s'inscrivent dans une démarche de commerce durable et équitable[10].

À l'heure actuelle, les interventions des acteurs en charge du soutien au secteur privé local restent peu coordonnées. Le fait que BIO soit désormais un acteur de la coopération belge (chapitre 4)[11] devrait permettre une meilleure coordination avec le SPF Affaires étrangères. De plus, un groupe de travail se réunit pour examiner les possibilités de coopération entre BIO et la CTB. Par ailleurs, la Belgique prévoit de créer une plateforme « entreprendre pour le développement » regroupant un nombre restreint d'organisations publiques et privées belges impliquées dans le développement du secteur privé local afin de contribuer au respect de la cohérence des politiques en faveur du développement. Si une telle initiative offre le potentiel de renforcer la coordination et la cohérence des interventions, les termes de référence de cette plateforme devront prendre en compte les leçons tirées de l'experience de la précédente plateforme désormais inactive – créée en 2008.

Les instruments de mobilisation du secteur privé belge en faveur du développement s'inscrivent quant à eux dans le cadre de l'aide liée et sont avant tout orientés vers la promotion des exportations. Les financements octroyés par FINEXPO[12] permettent de multiplier par deux les ressources disponibles pour les biens d'équipement et de services. Néanmoins, les mécanismes de sélection et de suivi des projets ne permettent pas d'affirmer avec certitude que ces ressources ont bien un effet sur le développement (SES, 2011). Des questions similaires se posent pour les financements octroyés par les agences régionales d'aide à l'exportation (SOFINEX et Flanders Investment and Trade). Le commerce étant une compétence régionale, le renforcement des synergies et complémentarités sera nécessaire pour assurer le rôle d'effet levier, mais surtout pour élargir le financement pour le développement.

La Belgique notifie les apports hors APD

La Belgique suit et notifie les ressources consacrées au développement hors APD. Les principaux flux de ressources pour le développement proviennent des flux de capitaux privés à des conditions de marché. Ces flux comprennent :

- les crédits privés à l'exportation garantis ou assurés par l'Office national du Ducroire soit 787 millions USD en termes nets en 2013 ; 430 millions USD en 2012 ;
- les investissements directs à l'étranger soit 6.397 milliards USD en 2013.

Les subventions privées de bienfaisance s'élevaient à 958 millions USD en 2013. Enfin, la Belgique notifie dans la catégorie « Autres apports du secteur public » les opérations financées par BIO qui s'élevaient en 2013 à 190 millions USD en termes de décaissements bruts.

Notes

1. L'Exposé d'orientation politique ainsi que le plan de management 2013-19 de la DGD plaident pour l'intégration de la dimension « développement » dans la politique étrangère de la Belgique et prônent le renforcement de la coordination intra-gouvernementale.

2. Par exemple, un Décret-cadre de la coopération au développement de la Région flamande de 2007 prévoit de renforcer la cohérence avec la politique de développement, dans les différents domaines politiques relevant des compétences de la Communauté et de la Région flamandes ». Pour sa part, le Conseil Wallonie-Bruxelles de la coopération internationale a fait de la CPD une priorité stratégique.

3. Il s'agit (i) d'une conférence interministérielle chapeautée par le Premier Ministre ; (ii) d'une Commission interdépartementale regroupant les ministères fédéraux et les Régions et Communautés ; (iii) d'un organe consultatif et (iv) d'un secrétariat pour assurer le suivi de ces différents organes.

4. La Coormulti mobilise les services publics fédéraux, les Régions et Communautés en amont des prises de position de la Belgique destinées aux instances internationales. La participation effective de ces acteurs dépend du thème de la réunion.

5. En mars 2015, la réunion du forum entre la DGD et les administrations des entités fédérées compétentes en matière de coopération au développement a effectivement mis la CPD à l'ordre du jour.

6. La présidence sera assurée par le Directeur général de la Direction de la coopération au développement et de l'aide humanitaire du SPF AE.

7. Cette stratégie vise à améliorer le climat d'investissement, à appuyer le développement du secteur privé local et du commerce équitable et durable et à promouvoir la participation au commerce international.

8. La loi promeut le rôle du secteur privé au service d'une croissance inclusive et durable pour éradiquer la pauvreté et parvenir à un développement humain durable.

9. BIO investit par le biais d'une participation au capital ou de prêts. Les ressources financières engagées s'élevaient à 600 millions EUR en 2013.

10. Le Trade for Development Center dispose d'un budget de 13 millions EUR pour quatre ans. Une autre ligne budgétaire « entreprendre pour le développement » promeut des partenariats entre des associations d'entrepreneurs et producteurs de pays partenaires et des associations européennes.

11. Depuis 2014, les relations entre BIO et l'État Belge sont encadrées par un contrat de gestion qui s'inscrit dans les objectifs et principes de base de la coopération belge au développement.

12. FINEXPO est un Comité interministériel d'avis géré par l'Administration des Affaires étrangères qui vise à réduire ou stabiliser le coût de financement d'exportations de biens d'équipement et de services tout en contribuant au développement des pays qui bénéficient de l'aide octroyée. Les instruments à disposition de FINEXPO permettent d'octroyer de l'aide liée tout en respectant les arrangements fixés par le CAD.

Bibliographie

Sources gouvernementales

BIO (2014), *Sustainable Human Development by Strengthening the Private Sector in Developing countries, Annual report 2013,* Société belge d'Investissement pour les pays en développement, Bruxelles.

CTB (2013), *Dossier Technique et Financier, Trade for Development Centre 2014-17,* Coopération Technique Belge, Bruxelles.

CTB (2012), *Les Femmes, Actrices du Commerce Équitable,* Coopération Technique Belge – Trade for Development, Bruxelles.

De Croo A., Ministre de la Coopération au Développement, de l'Agenda Numérique, des Télécoms et de la Poste (2014), *Exposé d'Orientation Politique – Coopération au développement*, Doc 54 0020/017 destiné à la Chambre des Représentants de Belgique, 14 novembre 2014, Bruxelles.

DGD (2014a), *L'Environnement dans la Coopération belge au Développement – Note stratégique*, Direction générale de la coopération au développement et de l'aide humanitaire, Bruxelles.

DGD (2014b), *Plan de Management 2013-2019*, DGD, Bruxelles, non publié.

DGD (2013a), *La Coopération Belge au Développement dans les Pays à Revenus Intermédiaires – Note Stratégique*, mars 2013, DGD, Bruxelles.

DGD (2013b), *La Coopération Belge au Développement et le Secteur Privé Local : le Soutien d'un Développement Humain et Durable – Note Stratégique,* DGD, Bruxelles.

DGE Europe (2013), *Rapport annuel sur les activités de l'Union européennes 2013*, SPF AE, Bruxelles.

Royaume de Belgique (2014a*), Loi modifiant la loi du 19 mars 2013 relative à la Coopération au Développement*, 9 janvier 2014, Moniteur Belge, Royaume de Belgique, Bruxelles.

Royaume de Belgique (2014b), *Arrêté Royal Portant Assentiment au 1er Contrat de Gestion entre l'État Belge et la Société Anonyme de Droit Public « Société Belge d'Investissement pour les Pays en Développement »,* 2 avril 2014, Moniteur Belge, Bruxelles.

Royaume de Belgique (2014c), *Arrêté Royal Relatif à la Création d'une Commission Interdépartementale sur la Cohérence des Politiques en Faveur du Développement,* 2 avril 2014, Moniteur Belge, Bruxelles.

Royaume de Belgique (2014d), *Convention Générale de Mise en Œuvre Relative au Programme « Trade for Development Centre » 2014-17,* Bruxelles.

Royaume de Belgique (2014e), *Déclaration de l'État Fédéral, Régions et Communautés de la Belgique sur la Cohérence des politiques en faveur du développement*, 23 mai 2014, Bruxelles.

Royaume de Belgique (2013*), Loi relative à la Coopération au Développement*, 19 mars 2013, Moniteur Belge, Bruxelles.

Royaume de Belgique (1997), *Loi relative à la Coordination de la Politique Fédérale de Développement Durable,* 5 mai 1997, Moniteur Belge, Bruxelles.

SES (2014), *Évaluation de Terrain des Investissements de la Société belge d'Investissement pour les Pays en Développement (BIO),* Service de l'Évaluation Spéciale de la Coopération Belge au Développement, SPF AE, Bruxelles.
http://diplomatie.belgium.be/fr/politique/cooperation_au_developpement/evaluation/.

SES (2011), *Évaluation des Instruments Belges de Soutien au Commerce Extérieur Comptabilisés en Aide Publique au Développement – Évaluation Finexpo,* SPF AE, Bruxelles.

SPF (Service Public Fédéral) (2014), *Finexpo, Rapport Annuel 2013*, SPF AE, Bruxelles.

Autres sources

CDI (2014), Center for Development Index,Belgium, http://www.cgdev.org/page/belgium-6.

CNCD.11.11.11 (2014), *Modernisation ou instrumentalisation de l'aide? - Rapport 2014 sur l'aide belge au développement,* CNCD, Bruxelles.

CNCD. 11.11.11 (2012), *L'aide en temps de crises : repli ou coopération ? - Rapport Annuel 2012,* p. 31., CNCD, Bruxelles.

Concord (2011), *Country profile: Belgium in Spotlight on EU Policy Coherence for Development, Report 2011,* http://www.CONCORDeurope.org/83-spotlight-on-policy-coherence-for-development-2011.

OCDE (2014), *Better Policies for Development 2014: Policy Coherence and Illicit Financial Flows,* Éditions OCDE, Paris, http://dx.doi.org/10.1787/9789264210325-en.

OCDE (2013), *Rapport de Phase 3 sur la mise en œuvre par la Belgique de la Convention de l'OCDE sur la lutte contre la corruption*, OCDE, Paris, http://www.oecd.org/fr/daf/anti-corruption/BelgiquePhase3FR.pdf.

OCDE (2010), *Examens de l'OCDE sur la coopération pour le développement : Belgique 2010*, Éditions OCDE, Paris, http://www.oecd.org/fr/cad/examens-pairs/Belgique%20FR%20CRC.pdf.

Point Sud (2013), *« Ceux qui ont faim ont droit » – Le droit à l'alimentation comme outil de cohérence des politiques en faveur du développemen*t par Manuel Eggen, FIAN Belgium & Nathalie Janne d'Othée, no. 10 Octobre 2013, CNCD-11.11.11, Bruxelles.

RSCD (2014), *The Private Sector and its Role in Development, a Trade Union Perspective,* Réseau Syndical de Coopération au Développement, Bruxelles.

Chapitre 2 : Vision et politique de la Belgique en matière de coopération au développement

Politiques, stratégies et engagements

Indicateur : Le programme s'organise autour d'une vision claire et des stratégies solides

La loi fédérale relative à la coopération au développement belge énonce sa finalité, à savoir le développement humain durable. Cet objectif suscite une large adhésion. Le format des dernières notes stratégiques élaborées par le gouvernement facilite leur utilisation lors de la programmation sur le terrain.

La loi fédérale énonce clairement la vision de la coopération belge et suscite une large adhésion

En mars 2013, une nouvelle loi fédérale relative à la coopération belge au développement (Royaume de Belgique, 2013) a été adoptée après un travail de longue haleine débuté en 2010. Le processus d'élaboration de la loi a permis aux organisations de la société civile belge d'adresser leurs revendications au gouvernement. Au final, bon nombre d'acteurs se sont appropriés les objectifs et principes de la loi[1].

La loi énonce la finalité de la coopération belge au développement, qui est de contribuer à un développement humain durable. Elle ambitionne d'atteindre cet objectif en soutenant la croissance économique inclusive afin d'éradiquer la pauvreté, l'exclusion et les inégalités, et de renforcer les capacités des partenaires à tous les niveaux. En plus d'introduire la cohérence des politiques au service du développement, la loi introduit l'aide humanitaire et le développement du secteur privé. Elle encadre tous les canaux de la coopération fédérale mais ne s'applique pas aux entités fédérées et de ce fait, elle n'assure pas une vision partagée du développement par l'ensemble des acteurs belges de la coopération[2]. Néanmoins, les stratégies et priorités de ces acteurs n'entrent pas en contradiction avec cette vision.

La loi de 1999 encourageait la Belgique à traduire ses priorités dans des notes stratégiques. C'est ainsi que des notes ont été rédigées pour tous les secteurs et thèmes définis par la loi. Les notes les plus anciennes sont souvent théoriques. En revanche, et conformément aux recommandations du CAD, les notes les plus récentes ont une dimension pratique, indiquant les priorités et pistes de mise en œuvre à moyen terme et les synergies potentielles entre acteurs fédéraux. Ces notes ont fait l'objet de concertation avec les ONG et le milieu académique, ce qui devrait assurer une appropriation plus large. Afin qu'elles soient utiles à la programmation, les acteurs responsables de la mise en œuvre de la coopération belge devraient être impliqués dans leur évaluation.

Prise de décisions

Indicateur : La logique qui préside à la répartition des apports d'aide et autres ressources est précisée et fondée sur des données factuelles

La Belgique bénéficie d'un cadre juridique, stratégique et opérationnel qui clarifie les grands principes d'allocation de son aide. Cependant, le message est brouillé du fait de la multiplicité et interchangeabilité des objectifs et sous-objectifs, dont la portée stratégique varie d'un document à l'autre. La décision de concentrer l'aide sur un nombre limité de pays et de partenaires, et sur maximum trois secteurs par pays, répond aux objectifs d'une aide plus efficace. Il reste au gouvernement à clarifier la logique de répartition de l'aide en fonction de la nouvelle liste des pays prioritaires, à élaborer un calendrier de désengagement des autres pays ou régions et à préciser les étapes devant conduire à l'adoption de stratégies-pays. Les critères de répartition de l'aide multilatérale peuvent être affinés.

La répartition géota de l'aide bilatérale répond à des critères précis ; l'inter-changeabilité des objectifs brouille le message

La nouvelle loi et les arrêtés royaux s'y rapportant précisent le champ d'application géographique (18 pays partenaires[3]) et sectoriel de la coopération au développement (Royaume de Belgique, 2014). La loi identifie les pays partenaires en fonction du degré de pauvreté et d'inégalités ou de leur degré de fragilité[4], de l'importance relative de la coopération belge au développement et de son avantage comparatif actuel et futur. Par ailleurs, la loi identifie quatre axes majeurs et cinq thèmes prioritaires[5], les droits humains étant à la fois un objectif et un principe fondamental.

Pris ensemble, la loi, l'Exposé d'orientation politique du nouveau gouvernement (De Croo, 2014), les stratégies validées depuis 2013 et le Plan de management de la DGD (DGD, 2014) forment le cadre juridique, stratégique et opérationnel de la coopération belge. Ce cadre présente une multiplicité d'objectifs, d'axes prioritaires et de sous-objectifs, interchangeables au fil des documents, ce qui tend à brouiller le message sur la stratégie du gouvernement.

Par souci d'adhérer à la politique européenne de développement (DGD, 2013a)[6] et de mettre fin au saupoudrage de l'aide, le nouveau gouvernement a annoncé en mai 2015 vouloir concentrer la coopération gouvernementale sur 14 pays partenaires[7]. Il s'est engagé également d'être actif dans un maximum de trois secteurs dans chaque pays. Parmi les nouveaux pays prioritaires il y a 12 PMA et 8 pays en situation de fragilité. Au cours des quatre prochaines années, la Belgique va aussi cesser progressivement ses activités de coopération gouvernementale dans six pays à revenu intermédiaire. L'approche à suivre pour le désengagement de la Belgique est précisée par la loi, et dans les cas pertinents, par la note stratégique relative aux pays à revenus intermédiaires (DGD, 2013)[8]. L'objectif de concentration est louable car il devrait à la fois faciliter le suivi des interventions et la gestion des ressources, mais aussi permettre de disposer d'une masse critique nécessaire pour appuyer le développement des partenaires sélectionnés. Cette décision est l'occasion de clarifier la logique de répartition de l'aide en fonction de la nouvelle liste des pays prioritaires, d'élaborer un calendrier de désengagement des autres pays ou régions et de préparer les étapes devant conduire à l'adoption des nouvelles stratégies-pays.

La coopération multilatérale est stratégique

Le multilatéralisme est un instrument-clé de la politique étrangère belge, reflété par le niveau important des ressources affectées aux institutions multilaterales (chapitre 3). Dans la continuité de son engagement en faveur d'une aide plus efficace, le gouvernement prévoit de consacrer au minimum 30 % de l'aide fédérale au canal multilatéral et de réduire la liste des organisations partenaires.

La note politique sur la coopération multilatérale (DGD, 2011) définit la stratégie belge par rapports aux grands canaux multilatéraux (ONU, UE et IFI). Cette stratégie s'inscrit dans le respect des engagements internationaux[9] et du Programme pour le changement de la Commission européenne. Elle met entre autres l'accent sur la complémentarité entre la coopération bilatérale et multilatérale. Le versement des contributions pluriannuelles aux ressources générales[10] augmente la prévisibilité de l'aide et réduit les coûts administratifs. Cette approche est appréciée par les organisations multilatérales.

La coopération multilatérale est coordonnée au niveau de la direction thématique (D2). Le fait que la DGD n'ait plus de division dédiée à la coopération multilatérale, chaque service assurant désormais ses propres contacts avec les agences onusiennes en fonction des thèmes (chapitre 4), ne semble pas avoir affecté la régularité des contributions belges à ces instances. Néanmoins, des efforts d'organisation pour assurer le suivi coordonné des décisions sont nécessaires, en particulier entre la DGD et les autres départements fédérés.

La Belgique utilise efficacement son réseau de représentants auprès des organisations multilatérales et des groupes de donneurs spécialisés dont elle est membre. Jusqu'en 2015, ses réflexions et prises de position étaient enrichies par les consultations et le suivi des recommandations du Réseau de mesure des performances des organisations multilatérales (MOPAN), dans lequel la Belgique était très active. D'autre part, la DGD joue un rôle consultatif auprès des instances chargées de représenter la Belgique au sein des institutions financières internationales[11] et a nommé un conseiller au bureau exécutif de la Banque mondiale.

Axe prioritaire de la politique

Indicateur : La priorité est donnée à la lutte contre la pauvreté, en particulier dans les pays les moins avancés (PMA) et les États fragiles

Le soutien aux pays les moins avancés et aux États fragiles traduit l'engagement de la Belgique pour la réduction de la pauvreté et des inégalités. Bien qu'elle n'a pas d'orientations spécifiques dans ce domaine, ces thèmes sont abordés à divers degrés dans les documents stratégiques, souvent en rapport avec la croissance économique inclusive, équitable et durable. La Belgique a renforcé le lien entre aide humanitaire et développement. La note sur les États fragiles et les situations précaires est bien adaptée et utile aux agents.

La lutte contre la pauvreté est mentionnée en tant qu'objectif dans divers documents stratégiques

Il n'existe pas d'orientations spécifiques relatives à la lutte contre la pauvreté et les inégalités mais elle est un des objectifs de la loi relative à la coopération au développement, elle est mentionné dans les autres documents politiques et prend corps dans les récentes notes stratégiques. La coopération au développement s'inscrit également dans les principes, déclarations et conventions des Nations Unies, dont ceux sur l'environnement, les droits de la personne et le travail décent.

La priorité donnée à la lutte contre la pauvreté se traduit par l'engagement de la Belgique envers les PMA et les pays en situation de fragilité. Le nouveau gouvernement entend cibler l'Afrique du Nord, de l'Ouest et la région des Grands Lacs, où la majorité des pays sont des PMA, et prévoit de consacrer 0.25 % du RNB à cette catégorie (DGD, 2014a). Par ailleurs, six des 18 pays prioritaires de la coopération belge (inscrits dans la loi) sont des

États fragiles. Il existe cependant une dichotomie entre les objectifs déclarés et la réalité de l'APD belge (chapitre 3).

La DGD indique qu'elle entend développer des programmes plus intégrés dans ses pays partenaires – surtout les PMA et les États fragiles – conjuguant lutte contre la pauvreté et renforcement des capacités institutionnelles avec la prise en compte des questions comme le changement climatique, l'environnement, le secteur privé, la paix et la sécurité. La Belgique devra s'assurer que la multiplicité des enjeux ne brouille pas le message sur la concentration des efforts sur la réduction de la pauvreté et des inégalités.

La Belgique a renforcé le lien entre les programmes de développement et les programmes humanitaires

La Belgique s'est conformée à la recommandation de renforcer le lien entre l'aide humanitaire et l'aide au développement énoncée dans l'examen par les pairs de 2010. Elle a principalement élargi le champ des projets pouvant donner lieu à un financement au titre du nouvel arrêté royal (chapitre 7). Les fonds destinés à l'aide humanitaire peuvent donc désormais être utilisés pour des activités de réhabilitation et de relance du tissu socioéconomique, ce qui constitue une bonne pratique. Cependant, la Belgique n'intègre pas systématiquement les risques de crise dans la programmation.

La Belgique a défini une approche pragmatique pour les États fragiles et les situations précaires

La Belgique a rédigé une note stratégique sur les situations de fragilité centrée sur le renforcement de l'État et se référant à la fois aux principes relatifs aux États fragiles et aux principaux domaines couverts par le New Deal (DGD, 2013b; chaptire 5). Les orientations sont pragmatiques, s'articulent autour de dix principes et proposent des outils pratiques pour la programmation dans les contextes fragiles. Selon les agents, la nouvelle stratégie permet aux acteurs de l'ensemble du système belge de mieux saisir comment intervenir dans les contextes de fragilité.

L'engagement de la Belgique sur les questions transversales pourrait être renforcé

La dimension genre et l'égalité homme/femme, ainsi que la protection de l'environnement et des ressources naturelles, sont des axes prioritaires de la loi relative à la coopération au développement. Si l'Exposé d'orientation politique réserve une section à l'environnement, au climat et aux ressources naturelles, il ne fait pas référence au genre et à l'égalité homme/femme (de Croo, A, 2014).

Comme pour la majorité des membres du CAD, l'approche belge vise à intégrer le genre dans l'ensemble de la coopération au développement tout en finançant des activités spécifiques ciblant les femmes. L'évaluation de la mise en œuvre de la stratégie révèle que bon nombre d'initiatives, souvent louables, se heurtent à des résistances et ne produisent pas les résultats escomptés. Les raisons évoquées sont, entre autres, le manque de connaissance suffisante et d'acceptation de la stratégie genre, la faiblesse des moyens et des incitations, et le manque de soutien de la direction. L'absence de directives claires et opérationnelles s'appliquant aux projets est l'une des raisons évoquées au Rwanda pour justifier que la prise en compte du genre dans le programme de coopération n'est pas suffisante (annexe C).

À l'heure actuelle, l'approche genre de la Belgique est définie par la note – en cours de révision – sur l'« Égalité des droits et des chances entre les femmes et les hommes » (DGD, 2002). Il serait judicieux que cette note prenne en compte les recommandations formulées par une évaluation indépendante sur la mise en œuvre de la stratégie (SES 2014). Pour sa part, la CTB a élaboré une stratégie ambitieuse sur le thème genre et développement (CTB, 2010). Le statut et la mise en œuvre de ce document sont incertains étant donné que c'est à la DGD qu'incombe la responsabilité d'élaborer les stratégies relatives à la coopération au développement.

Dans le document « Mainstreaming cross-cutting issues – Seven lessons from DAC Peer Reviews » (OCDE, 2014), l'un des principaux enseignements tiré de l'expérience des membres du CAD est de s'assurer que suffisamment de ressources financières et humaines sont consacrées à l'intégration des thèmes transversaux dans les programmes. Si la coopération belge n'a pas de budget dédié au genre, il existe en revanche de l'expertise au sein du SPF Affaires étrangères, de la cellule stratégique du ministre de la Coopération, de la division thématique de la DGD et de la CTB[12]. Il semble cependant que cela ne suffise pas à couvrir les aspects à la fois stratégiques et opérationnels de la coopération gouvernementale. La note en cours sur le genre et la mise en place, courant 2014, d'une plateforme dédiée au « genre », sont des initiatives qui vont dans la bonne direction. Ces mesures devront s'accompagner d'un réel soutien au niveau de la hiérarchie, capable de stimuler le changement culturel nécessaire à une véritable intégration du genre dans les programmes de la coopération au développement. À cet effet, des mesures incitatives et une amélioration de la formation sont indispensables. De même, l'accompagnement de la nouvelle stratégie par un plan d'action s'avère critique.

La note stratégique sur l'environnement de la DGD, définie en collaboration avec la Direction générale Coordination et Affaires européennes (DGE), la Direction Générale des Affaires multilatérales et de la Mondialisation la (DGM), les ministères fédéraux concernés, des instituts de recherche, les universités belges, les ACNG belges, BIO et la CTB, est articulée autour de la préservation des biens publics mondiaux (DGD, 2014ba). Elle définit trois axes : (i) l'intégration thématique par la promotion d'une gouvernance environnementale qui s'applique aux quatre secteurs de base de la coopération belge, à savoir, l'éducation, la santé, l'infrastructure de base et l'agriculture, (ii) un appui environnemental spécifique à l'eau, l'utilisation durable des terres et des sols, la gestion forestière et la gestion des déchets et (iii) la cohérence des politiques en faveur du développement. Ces objectifs sont louables, mais ambitieux et complexes techniquement et politiquement. De plus, le lien entre la stratégie globale, la stratégie destinée aux pays à revenus intermédiaires, dont l'un des objectifs est la lutte contre le réchauffement climatique, et le document de la CTB sur les principes en matière d'environnement (CTB, 2013), doit encore être établi.

La Belgique est parmi les membres du CAD à avoir bien intégré la biodiversité dans la coopération au développement (Drutschinin, et al., 2015). Cependant, l'absence de budget dédié à l'environnement et d'expertise au sein de la CTB, risquent de ralentir la mise en œuvre de la stratégie. La DGD compte sur le fonds vert « climat », sur son service « Climat, environnement et ressources naturelles », sur la plateforme KLIMOS, et sur l'appui d'ACROPOLIS, des universités et des établissements scientifiques fédéraux pour réaliser ses objectifs. Elle prévoit d'élaborer un plan opérationnel associé à la stratégie, ainsi qu'une grille de suivi des résultats. Ces actions sont indispensables pour que les acteurs puissent relever les défis liés au développement durable.

Notes

1. Celle-ci a été modifiée le 9 janvier 2014 sans que ses objectifs en soient affectés (Royaume de Belgique, 2014).

2. Les trois entités fédérées - la région Flandres, Wallonie-Bruxelles International et la Région Bruxelles-Capitale – mettent en œuvre des activités de coopération au développement suivant des principes et priorités qui leur sont propres. Leur APD ne représente que un à deux pour cent de l'APD belge.

3. À l'heure actuelle, une grosse moitié de ces pays fait partie de la liste des pays les moins avancés : Bénin, Burundi, République démocratique du Congo, Mali, Mozambique, Niger, Rwanda, Sénégal, Tanzanie, Ouganda. Les huit pays restants sont répartis équitablement entre les pays et territoires à revenu intermédiaire de tranche inférieure – Bolivie, Maroc, Vietnam, Cisjordanie et Bande de Gaza – et les pays et territoires à revenu intermédiaire de tranche supérieure – Afrique du Sud, Algérie, Équateur et Pérou.

4. Le degré de pauvreté et d'inégalités est mesuré sur la base du niveau de développement socioéconomique, de l'indicateur du développement humain ajusté aux inégalités (IDH) et de l'indice de pauvreté humaine ou de son degré de fragilité. Les deux autres critères concernent les efforts accomplis par le pays partenaire pour son développement socioéconomique et sa bonne gouvernance.

5. Les quatre axes sont : soins de santé, agriculture et sécurité alimentaire, enseignement et formation, infrastructure de base ; les cinq thèmes sont : droits de la personne, y compris ceux des enfants, travail décent et durable, consolidation de la société, genre et préservation des ressources naturelles.

6. Des discussions sont actuellement menées au sein de l'UE sur l'exclusion d'un certain nombre de pays à revenu intermédiaire tranche supérieure à bénéficier de l'aide européenne.

7. La nouvelle liste des pays prioritaires pour la coopération gouvernmentale inclus : le Bénin, Burkina Faso,Burundi, Cisjordanie et bande de Gaza, République démocratique du Congo (RDC), Guinée, Mali, Maroc, Mozambique, Niger, Ouganda, Rwanda, Sénégal, Tanzanie.

8. La stratégie de sortie doit être développée « en concertation avec le pays concerné et les autres bailleurs présents afin d'organiser cette sortie au cours d'une période maximale de quatre ans ».

9. La Charte universelle des droits de l'homme, la conférence de Pékin, les Objectifs du millénaire pour le développement et la Déclaration de Paris sur l'efficacité de l'aide font partie de ces engagements.

10. Les contributions sont versées prioritairement aux ressources générales des organisations partenaires, tous les quatre ans et sans affectation particulière. Dans le cadre de programmes-pays, il arrive que la coopération déléguée soit utilisée pour contributer au financement de projets des organisations multilatérales.

11. Le SPF Finances représente la Belgique auprès des institutions financières internationales.

12. Une personne à temps plein à la division thématique de la DGD, une spécialiste en ressources humaines au SPF AE et une conseillère, suivent les aspects thématiques de la coopération dont le genre au sein de la cellule stratégique du ministre. À la CTB, une experte senior est chargée de la mise en oeuvre de l'approche genre dans les programmes et des experts en genre sont présents dans quelques pays partenaires.

Bibliographie

Sources gouvernementales

CTB (2013), *Déclaration environnementale 2013*, Coopération Technique Belge, Bruxelles.

CTB (2010), *Égalité des genres – Notre stratégie 2010-2014*, Bruxelles.

De Croo A., Ministre de la Coopération au Développement, de l'Agenda Numérique, des Télécoms et de la Poste (2014), *Exposé d'Orientation Politique – Coopération au développement*, Doc 54 0020/017 destiné à la Chambre des Représentants de Belgique, 14 novembre 2014, Bruxelles.

DGD (2014a), *Plan de management 2013-2019*, Direction générale de la coopération au développement et de l'aide humanitaire, Bruxelles, non publié.

DGD (2014b), *L'Environnement dans la Coopération belge au Développement – Note stratégique*, Bruxelles.

DGD (2013a), *La Coopération Belge au Développement dans les Pays à Revenus Intermédiaires – Note Stratégique*, mars 2013, Bruxelles.

DGD (2013b), *Note stratégique pour les situations de fragilité*, avril 2013, SPF AE, Bruxelles.

DGD (2011), *Note de politique sur la coopération au développement multilatérale, Partie I*, mars 2011, Bruxelles.

DGD (2002), « Note stratégique égalité des droits et des chances entre les femmes et les hommes », DGD, Brussels.

Royaume de Belgique (2014), *Loi modifiant la loi du 19 mars 2013 relative à la Coopération au Développement*, 9 janvier 2014, Moniteur Belge, Royaume de Belgique, Bruxelles.

Royaume de Belgique (2013), *Loi relative à la Coopération au Développement*, 19 mars 2013, Moniteur Belge, Bruxelles.

SES (2014), *Évaluation du Genre et Développement dans la Coopération Belge*, Service de l'Évaluation spéciale, SPF AE, Bruxelles.

SES (2013), *Notre Aide au Développement est-elle Verte ? Évaluation Thématique de la Coopération Belge en Matière d'Environnement*, SPF AE, Bruxelles.

SPF AE (2015), *Budget général des dépenses 2015*, Service Public Fédéral, Affaires étrangères, Commerce extérieur et Coopération au développement, Bruxelles.

SPF AE (2014), *Examen par les pairs de la Belgique 2015 – Mémorandum*, Document présenté à l'occasion de l'examen de l'aide belge par les pairs du CAD de l'OCDE, Bruxelles.

Autres sources

Drutschinin, A., Casado-Asensio, J. et al. (2015), "Biodiversity and Development Co-operation", OCDE Development Co-operation Working Papers, No. 21, Éditions OCDE, Paris, http://www.oecd-ilibrary.org/development/biodiversity-and-development-co-operation_5js1sqkvts0v-en;jsessionid=107h46yl1y45p.x-oecd-live-03.

OCDE (2014), *Mainstreaming cross-cutting issues – 7 lessons from DAC Peer Reviews*, Éditions OCDE, Paris, http://dx.doi.org/10.1787/9789264205147-en.

Chapitre 3 : Répartition de l'aide publique au développement de la Belgique

Volume global de l'APD

Indicateur : Le pays-membre met tout en œuvre pour atteindre les objectifs d'APD fixés aux niveaux national et international

Le budget belge de l'APD a diminué de 0.20 % entre 2010 et 2013. D'importantes coupes additionnelles étant prévues entre 2015 et 2019, la Belgique aura des difficultés à respecter ses engagements d'APD. Bien que l'opinion publique et le gouvernement soutiennent l'objectif de 0.7 % inscrit dans la loi, il n'existe pas de feuille de route pour revenir à des prévisions de croissance de l'APD, ni de calendrier des mesures à prendre pour atteindre cet objectif. Alors que le budget fédéral pour 2015 indique clairement les compressions auxquelles la DGD devra procéder jusqu'en 2019, la manière d'engager les économies requises dans l'ensemble des programmes multilatéraux et bilatéraux n'a pas encore été définie.

D'importantes coupes dans le budget de l'aide vont empêcher la Belgique d'atteindre l'objectif visant à porter l'APD à 0.7 % du RNB

Conformément aux engagements pris à l'échelon international, la Belgique vise à consacrer 0.7 % de son revenu national brut (RNB) à l'APD. Cet objectif, inscrit dans la loi de 2013 sur la coopération au développement (article 9), a été confirmé par le nouveau gouvernement en 2014 (De Croo, 2014) et semble être soutenu par les contribuables belges[1]. Il sera cependant difficile à concrétiser. Entre 2010 et 2014, l'APD nette de la Belgique et sa part dans le RNB ont fortement diminué, passant d'un niveau record de 3 milliards USD (USD constants de 2012), soit 0.64 % du RNB, à 2.4 milliards USD en 2014, soit 0.45 % du RNB (graphique 3.1). Compte tenu des coupes supplémentaires prévues pour 2015-19 la Belgique ne pourra pas respecter son engagement à moyen terme : en effet, l'APD en pourcentage du RNB devrait diminuer jusqu'au 0.38% en 2019 (SPF AE, 2015).

Le gouvernement ne donne aucun signe permettant de savoir quand le budget de l'aide sera susceptible de croître à nouveau, ni quand les conditions économiques permettront à la Belgique d'établir un calendrier pour atteindre l'objectif de 0.7 %. Un tel calendrier serait pourtant de nature à renforcer la crédibilité des engagements et à améliorer la prévisibilité des futurs apports d'aide aux pays et organisations partenaires.

Graphique 3.1 Évolution de l'APD nette de la Belgique en volume et en pourcentage du RNB, 1998-2014p

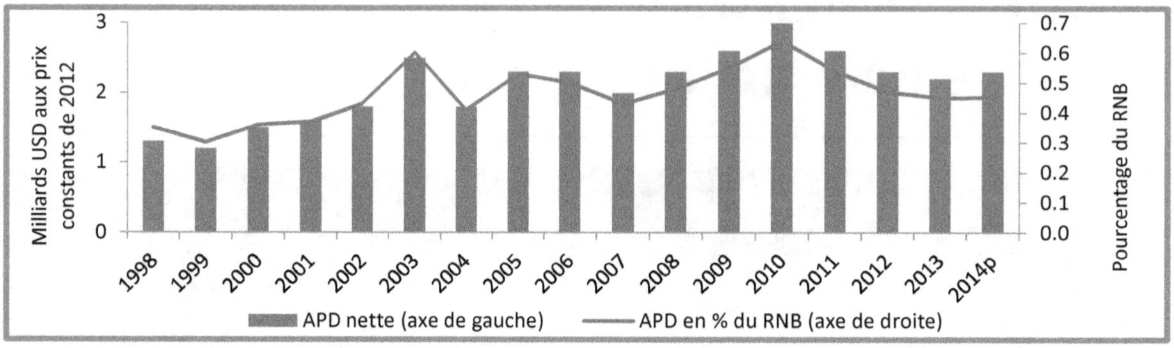

Source : Statistiques du CAD
Note : p=préliminaire

La DGD va devoir gérer de manière stratégique des compressions budgétaires d'ici 2019

Si les perspectives budgétaires sont mauvaises[2], la clarification des économies à réaliser d'ici 2019 permet d'augmenter la prévisibilité globale du budget, ce qui facilitera la planification et la mise en œuvre du programme de la DGD. En comparaison avec la prévisions pluriannuelles reprises dans le propositions budgétaires antérieures, le budget diminuera de 750 millions EUR pour la période 2015-19[3].

Si la DGD a un peu de temps devant elle pour élaborer sa stratégie et définir les critères pour les coupes importantes à effectuer en 2017[4], elle doit agir en toute transparence. Elle doit aussi veiller à ce que son approche soit cohérente avec l'objectif prioritaire du gouvernement, à savoir axer davantage l'aide sur un nombre plus restreint de pays partenaires et organisations multilatérales et accroître les synergies avec d'autres canaux d'acheminement de l'aide, notamment les acteurs non gouvernementaux. Comme ces critères de coupes budgétaires n'ont pas encore été définis ou communiqués par la DGD, les partenaires font part de leur incertitude quant aux financements futurs.

Des données prospectives sont disponibles par le biais de divers canaux

Dans l'ensemble, la Belgique respecte les conditions financières de l'aide et les bonnes pratiques pour la prise d'engagement (OCDE, 1978; 2011).

La Belgique rend publiques des données prospectives sur son aide par le biais de plusieurs canaux, notamment la loi budgétaire annuelle relative à la coopération au développement, assortie de prévisions sur quatre ans, l'enquête annuelle du CAD sur la répartition de l'aide, et les programmes indicatifs de coopération (PIC) sur trois à cinq ans concernant les pays prioritaires qui ont des plans de dépenses indicatifs (chapitre 5). Cependant, la Belgique pourrait encore améliorer la prévisibilité annuelle des versements afin d'atteindre l'objectif de suivi de Busan visant à ce que 90 % des fonds soient déboursés comme prévu d'ici 2015 (OCDE/PNUD, 2014). En 2013, la prévisibilité annuelle et à moyen terme était de 78 %. En revanche, les dotations aux ONG et partenaires multilatéraux sont prévisibles sur plusieurs années, ce qui est très apprécié par leurs partenaires.

Répartition de l'aide bilatérale

Indicateur : Les apports de l'aide sont répartis conformément à la déclaration d'intention et aux engagements internationaux

Globalement, la répartition de l'APD bilatérale de la Belgique fait ressortir l'orientation géographique de l'aide belge en faveur de l'Afrique et des pays les moins avancés. Les priorités sectorielles apparaissent avec moins d'évidence dans les statistiques, notamment les secteurs productifs et, en leur sein, l'agriculture. L'aide-pays programmable de la Belgique est relativement peu importante et un quart va aux acteurs non gouvernementaux. La Belgique doit encore traduire ses engagements politiques de consacrer 50 % de son APD totale aux PMA et de diminuer le saupoudrage de l'aide.

La répartition de l'aide bilatérale totale ne reflète pas fidèlement les priorités géographiques de la Belgique et contribue au saupoudrage de l'aide

En 2013, l'APD bilatérale de la Belgique s'élevait à 1.3 milliard USD (969 millions EUR), soit 57 % de l'APD nette totale, dont 74 % était gérés par la DGD (DGD, 2013).

Les dotations géographiques reflètent globalement les priorités stratégiques de la Belgique. L'aide belge reste très concentrée sur les pays les plus pauvres : 70 % de l'APD étaient destinés à l'Afrique subsaharienne en 2013, contre 34 % pour la moyenne du CAD. De plus, dix-sept des 18 pays prioritaires[5] font partie des 20 principaux bénéficiaires de l'aide bilatérale de la Belgique (annexe B, tableau 4). L'aide aux pays les moins avancés s'élevait à 0.16 % de son RNB en 2013. La Belgique a donc atteint l'objectif fixé par l'ONU visant à consacrer entre 0.15 % et 0.20 % du RNB aux PMA. Pour atteindre son objectif déclaré de 0.25%, il faudrait allouer encore plus d'aide a ces pays.

Comme indiqué au chapitre deux, la Belgique s'est engagée à axer une plus grande partie de son APD sur ces pays prioritaires qui seront reduits de 18 à 14, à allouer 50 % de son aide totale aux PMA et à cibler davantage les États fragiles. Toutefois, en 2013, les données de répartition de l'aide montrent qu'elle a encore du chemin à parcourir pour atteindre ses objectifs. Si la part de l'aide bilatérale (ventilable par région) allant aux PMA est élevée – 66 % en 2013 (405 millions USD), la part de l'APD totale s'élève à 35.4 %, ce qui est inférieur à l'objectif de 50 % originellement fixé (annexe B, tableau 6)[6]. De plus, l'aide de la Belgique aux États fragiles s'élève à 465.4 millions USD en 2013, représentant 34 % de l'APD bilatérale totale. Ce chiffre semble faible compte tenu de la volonté déclarée de la Belgique de se concentrer sur les États fragiles. Il faut néanmoins ajouter qu'en 2013, 62 % du budget de la DGD pour la coopération gouvernementale ont été alloués aux pays fragiles. De plus, la Belgique continue à soutenir fortement la région des Grands Lacs, et en particulier la République démocratique du Congo, suivie par le Burundi et le Rwanda (Graphique 3.2).

Traduire les engagements politiques en dotations de l'APD et diminuer le saupoudrage de l'aide belge sont des tâches difficiles pour plusieurs raisons :

- une petite partie de l'aide bilatérale belge est assignée à ses 18 pays prioritaires (24 % en 2013). Cette part, qui était de 45 % en 2012-13, a diminué en raison de compressions budgétaires et de la baisse des opérations d'allègement de dette ;
- l'aide-pays programmable telle que définie par l'OCDE est relativement faible. Sa part était de 28 % en 2013 (la moyenne du CAD était 54.5 %)(graphique 3.3) ;
- différents critères géographiques s'appliquent aux trois lignes budgétaires de l'aide bilatérale gérée par la DGD[7]. Par exemple, BIO et les acteurs non gouvernementaux peuvent intervenir au titre de l'APD dans 52 pays en développement. Bien que les listes de pays varient entre BIO et les ACNG, 45 pays apparaissant sur les deux.

Graphique 3.2 Aide bilatérale de la Belgique à ses pays prioritaires, 2013

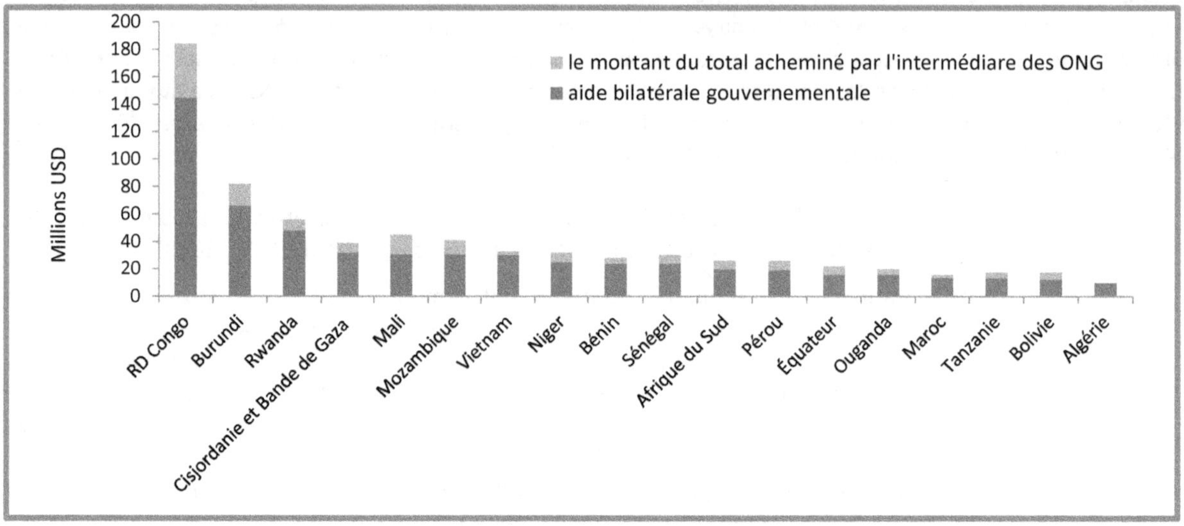

Source : Statistiques du CAD

Graphique 3.3 Composition de l'APD bilatérale de la Belgique, 2013, versements bruts

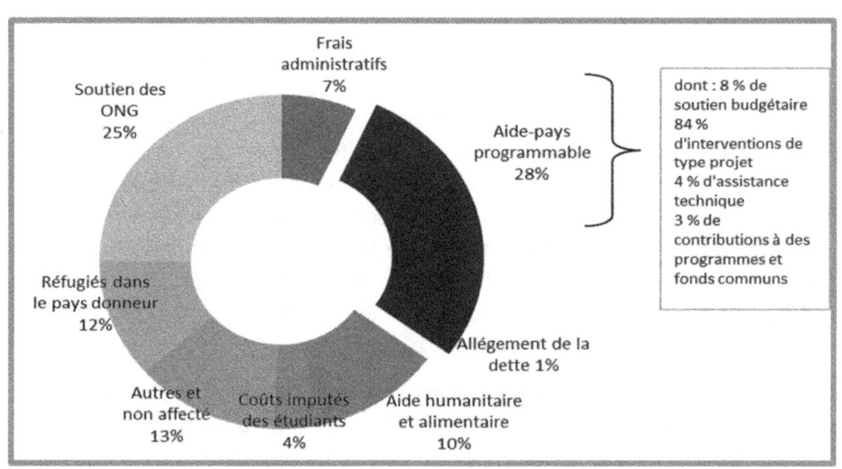

Source : Statistiques du CAD

L'aide bilatérale est principalement axée sur les secteurs sociaux ; la proportion de l'aide aux secteurs productifs recule

La répartition sectorielle de l'aide rend compte des secteurs prioritaires de la Belgique[8]. Il en ressort principalement que 37 % de l'aide bilatérale désagrégée par secteur sont allés aux infrastructures et aux services sociaux en 2012-13. En dehors de ce constat, les données ne font pas apparaître de tendances marquées : à l'intérieur des secteurs sociaux, 14 % de l'aide sont allés à l'éducation, 9 % à la santé et 7 % au bon gouvernement et la société civile, tous étant des secteurs prioritaires (annexe B, tableau 5).

L'augmentation prévue des secteurs productifs dans le budget total, mentionnée dans le dernier examen par les pairs, n'apparaît pas dans les données sur l'aide[9]. Le volume de l'APD en faveur des secteurs productifs a même reculé[10]. Il en va de même pour l'engagement pris de consacrer 15 % de l'aide totale à l'agriculture d'ici 2015. Avec une augmentation de 1 % de la part de l'aide désagrégée par secteur destinée à l'agriculture, celle-ci s'élèvé à 9 % en 2012-13 (annexe B, tableau 5). Selon les calculs de la DGD, elle n'est pas très loin de son engagement – les dépenses APD de la DGD pour l'agriculture s'élevait à 13.4 % en 2013.

Une réduction de la fragmentation sectorielle de l'aide gouvernementale bilatérale au niveau des pays apparaît clairement dans les récents programmes indicatifs de coopération[11]. En pratique cependant, les dotations dans les pays partenaires prioritaires sont réparties entre un grand nombre de secteurs et de nombreux projets en cours au titre des PIC précédents. Au Rwanda, il devrait être possible de rationaliser le nombre de projets que la Belgique finance en adoptant une approche sectorielle plus marquée et davantage fondée sur des programmes, comme c'est le cas dans le secteur de la santé (annexe C).

En ce qui concerne le genre, une grande partie de l'APD belge est examinée à travers le marqueur genre du CAD (tableau 3.1). Bien qu'en 2013 71% de l'aide ventilée par secteur versée par la Belgique contribue à promouvoir l'égalité homme-femme, seulement une petite partie de cette aide (7.6%) vise cet objectif en tant qu'objectif principal. Même si ces donnés donnent un aperçu de la proportion de l'aide qui vise cette problématique, surtout comme objectif principal, elles ne permettent pas de mesurer le degré de prise en compte de l'égalité entre les sexes et du renforcement du pouvoir des femmes dans le programme de coopération (chapitre 2). Des efforts sont nécessaires pour renforcer les systèmes de suivi et d'évaluation visant à mesurer l'impact des programmes sur la promotion de l'égalité homme-femme et des droits des femmes.

La part de l'APD bilatérale axée sur l'environnement augmente depuis 2007. En 2013, 34 % de l'aide bilatérale de la Belgique visaient à soutenir la protection de l'environnement et 18 % étaient axés plus particulièrement sur le changement climatique contre 23 % et 16 % respectivement pour la moyenne du CAD.

Tableau 3.1 Objectif d'égalité homme-femme dans l'aide bilatérale, ventilé par secteur

	Millions USD constants 2012	
	2012	**2013**
Objectif principal	94	64
Objectif significatif	303	478
Non ciblé	229	218
Non analysé	81	84
Total aide ventilée par secteur	707	844
Aide axée sur l'égalité homme/femme	63 %	71 %
Pour mémoire : *Total aide non ventilée par secteur*	631	502
Aide aux organisations œuvrant pour l'égalité homme/femme	3	3

Source : Base de données sur les activités d'aide du SNPC (Système de notification des pays créanciers): www.oecd.org/dac/stats/gender.

* % de l'aide ventilée par secteur. Les activités n'ayant pas fait l'objet d'un examen systématique au regard du marqueur égalité homme/femme n'ont pas été prises en compte.

Graphique 3.4 APD bilatérale de la Belgique à l'appui des objectifs environnementaux mondiaux et locaux

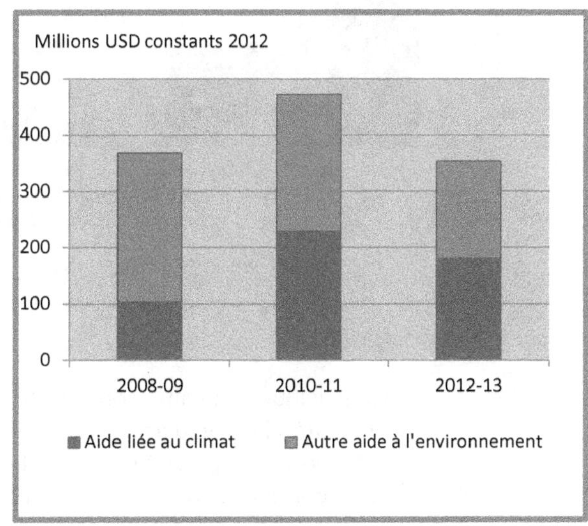

Source : Base de données sur les activités d'aide du SNPC (Système de notification des pays créanciers): www.oecd.org/dac/stats/gender.

Aide multilatérale

Indicateur : Le pays-membre utilise l'aide multilatérale de manière efficace

Les partenaires-clés confirment l'engagement pris par la Belgique d'allouer une aide efficace et prévisible aux organisations multilatérales. Ceci transparaît dans ses dotations. L'une des principales priorités du gouvernement est de réduire le champ de l'aide multilatérale, afin de renforcer son ciblage stratégique.

La Belgique renforce l'utilisation stratégique de l'aide multilatérale et son efficacité

La répartition de l'aide témoigne de la priorité que la Belgique accorde à la coopération multilatérale, dimension essentielle de sa politique étrangère et de sa politique de coopération au développement (chapitre 2). Par exemple :

- Entre 2011 et 2013, elle a alloué en moyenne 38 % de l'APD aux organisations multilatérales (annexe B, tableau 6).
- Les apports aux organisations multilatérales prennent majoritairement la forme de contributions à leurs ressources générales (graphique 3.5)[12].
- En 2013, la Belgique a consacré 13 % de son APD bilatérale à des projets mis en œuvre par des organisations multilatérales. 78 % de ces fonds pré-affectés ont été dirigés vers des États fragiles ou en situation de fragilité.

Graphique 3.5 Utilisation du système multilatéral par la Belgique, 2013, millions USD

Millions USD 2012

500
450
400
350
300
250
200
150
100
50
0

UE
Groupe de la Banque mondiale
Fonds et programmes des Nations Unies*
Autres organisations des Nations Unies
Banques régionales de développement
Autres organismes multilatéraux

■ Contributions au budget central ■ Contributions extrabudgétaires

Source : Statistiques du CAD

La Belgique souhaite concentrer ses efforts sur un nombre restreint d'organisations multilatérales afin d'accroître l'efficacité et l'impact des activités menées. Étant donné que le budget 2015 prévoit une réduction de 20 millions EUR du budget multilatéral de la DGD, cette dernière devra être encore plus stratégique pour gérer un budget en diminution.

Même si la loi de 2013 sur la coopération au développement stipule que la Belgique doit contribuer au financement de 20 organisations multilatérales partenaires maximum, ce plafond ne s'applique qu'aux contributions volontaires, de nombreuses autres organisations (25-30) peuvent recevoir des financements. Ceci a pour effet de fragmenter le soutien belge et d'affaiblir la concentration des apports sur les priorités essentielles des 20 organisations. C'est pourquoi le gouvernement a décidé de mieux concentrer l'aide multilatérale. En donnant suite à cette décision, la Belgique devrait définir des critères clairs et transparents concernant le financement et l'établissement de partenariats avec les organisations multilatérales, en veillant à ce que ces critères guident les décisions bilatérales aussi – notamment au niveau des pays partenaires et des États fragiles.

Notes

1. D'après l'Eurobarometre 82.1, la proportion de personnes interrogées en Belgique qui estiment qu'il est important d'aider les populations des pays en développement est proche de la moyenne de l'UE (84 % contre 85 %), et représente une hausse d'un point depuis 2013 (CE, 2014).

2. Ces compressions budgétaires s'inscrivent dans le contexte économique et financier de la Belgique qui vise à équilibrer son budget national en 2018. Tous les services publics fédéraux doivent réduire leur budget et leurs frais administratifs.

3. Selon le gouvernement, les compressions concernant l'APD sont proportionnellement moins importantes que celles qui touchent les autres services publics fédéraux, grâce en partie à l'inscription dans la loi de l'objectif de 0.7 % – le gouvernement ne veut pas trop s'écarter de cet objectif. En comparaison avec le budget 2014 : en 2015 un budget de – 10 % pour le budget de la DGD contre – 20 % ailleurs, en 2019 le budget coopération sera de – 20 % contre – 30 % pour les autres départements. Par contre, les coûts de personnel doivent être réduits de 4 % en 2015 et de 2% chaque année de 2016 à 2019, sans différentiation entre coopération au développement et d'autres départements.

4. En 2015 et 2016, la DGD a évité de réduire les programmes en cours, en réalisant les économies demandées via sa contribution à la 17ème reconstitution des ressources de l'Association internationale de développement (IDA) – elle a porté à neuf ans le calendrier des paiements.

5. L'Algérie est le seul pays prioritaire qui ne fait pas partie des 20 principaux bénéficiaires de l'aide.

6. En particulier, une augmentation de la part des PMA dans l'APD destinée aux ONG aiderait le gouvernement à atteindre l'objectif qu'il s'est fixé d'affecter à 50 % l'APD totale aux PMA.

7. Il s'agit du programme de coopération gouvernementale, du programme de coopération avec les acteurs non gouvernementaux et du programme en faveur du secteur privé (BIO) (SPF AE, 2014 : 22).

8. Selon le plan de management de la DGD pour 2013-20 (DGD, 2014) : « le cadre stratégique de la DGD correspond à la nouvelle loi et comporte quatre secteurs privilégiés (les soins de santé, l'enseignement et la formation, l'agriculture et la sécurité alimentaire et les infrastructures de base), trois priorités thématiques (les droits humains et les droits de l'enfant, le travail décent et la consolidation de la société) ; et deux thèmes transversaux (le genre et le climat, l'environnement et les ressources naturelles) ».

9. L'examen par les pairs 2010 a souligné que La Belgique compte faire davantage de place aux secteurs productifs en stipulant que parmi les deux ou trois secteurs d'intervention prioritaires de la Belgique doive toujours figurer un secteur productif (OCDE, 2010).

10. Elle est passée d'une moyenne de 171 millions USD au cours de la période 2007-11 à 120 millions USD en 2012-13.

11. Voir par exemple les PIC de la Bolivie qui prioritise la santé et développement agricole (eau/irrigation et foresterie ; (voir http://diplomatie.belgium.be/fr/binaries/pic_bolivia_2014-2016_tcm313-158642.pdf) et du Mozambique sur l'agriculture et des énergies renouvelables rurales au Mozambique (voir http://diplomatie.belgium.be/fr/binaries/pic_mozambique_2013-2017_tcm313-158659.pdf).

12. En 2013, le FNUAP, le FIDA, le BIT et l'OMS ont reçu un montant plus important au titre des contributions extrabudgétaires destinées à leur budget central, tandis que le PNUD, le PAM, l'UNICEF et la FAO ont reçu un montant plus important au titre des contributions pré-affectées.

Bibliographie

Sources gouvernementales

De Croo A., Ministre de la Coopération au Développement, de l'Agenda Numérique, des Télécoms et de la Poste (2014), Exposé d'Orientation Politique – Coopération au développement, Doc 54 0020/017 destiné à la Chambre des Représentants de Belgique, 14 novembre 2014, Bruxelles.

DGD (2014), *Plan de Management 2013-2019*, Direction générale de la coopération au développement et de l'aide humanitaire, Bruxelles, non publié.

DGD (2013), Rapport annuel 2012 sur la coopération au développement de la Belgique, SPF AE, Bruxelles.

SPF AE (2015), *Budget général des dépenses* 2015, Service Public Fédéral, Affaires étrangères, Commerce extérieur et Coopération au développement, Bruxelles.

SPF AE (2014), *Examen par les pairs de la Belgique 2015 – Mémorandum*, Document présenté à l'occasion de l'examen de l'aide belge par les pairs du CAD de l'OCDE, Bruxelles.

Autres sources

CE (2014), Opinion des Citoyens avant l'Année Européenne pour le Développement, Eurobarometre 82.1, Résultat pour la Belgique, Commission Européenne, Bruxelles.

OCDE/UNDP (2014), *Making Development Co-operation More Effective: 2014 Progress Report*, Éditions OCDE, Paris, http://dx.doi.org/10.1787/9789264209305-en

OCDE (2011), *Recommandation du CAD sur les bonnes pratiques pour la prise d'engagement,* OCDE, Paris.

OCDE (2010), *Examen du CAD par les pairs : Belgique 2010,* Éditions OCDE, Paris, http://www.oecd.org/fr/cad/examens-pairs/Belgique%20FR%20CRC.pdf.

OCDE (1978), Recommandation du CAD sur les conditions financières et modalités de l'aide.

Chapitre 4 : Gestion de la coopération au développement de la Belgique

Système institutionnel

Indicateur : La structure institutionnelle est propice au déploiement d'une coopération au développement cohérente et de qualité

La réforme institutionnelle a permis de renforcer la capacité de pilotage de la DGD. Toutefois, dans le contexte actuel d'évolution du rôle de l'aide publique, les efforts de coordination entre la DGD et les autres acteurs belges devront être poursuivis afin de maximiser les complémentarités et leur traduction concrète sur le terrain. Des efforts supplémentaires en matière de décentralisation et d'adaptation du modèle d'entreprise de la CTB devraient permettre à la Belgique de renforcer l'efficacité de son aide.

La DGD a renforcé son pilotage stratégique

Les réformes institutionnelles successives ont permis de renforcer le pilotage d'une coopération au développement en accord avec les priorités nationales et engagements internationaux de la Belgique.

La coopération au développement relève de la responsabilité de la Direction générale Coopération au développement et aide humanitaire (DGD) du SPF Affaires étrangères, qui gère 60 % du budget de l'aide publique, les 40 % restants étant imputés principalement aux contributions européennes et aux coûts internes (SPF AE, 2014a et chapitre 3). Placée sous l'autorité du ministre de la Coopération au développement, la DGD élabore les stratégies, octroie les financements, suit et évalue les projets et programme de la coopération au développement. Son pilotage a été renforcé par un comité stratégique qui approuve les politiques et stratégies avant de les soumettre au ministre pour accord[1]. Les orientations sont ensuite déclinées au niveau de la direction-générale selon un plan de gestion[2], assorti d'une série d'objectifs et d'indicateurs, suivi semestriellement puis traduit en plans opérationnels au niveau de chaque direction et en cycles d'évaluation au niveau individuel[3].

Par ailleurs, la mise en place d'une direction, la D2, qui regroupe l'expertise liée à l'ensemble des secteurs et thèmes de la coopération belge au développement, y compris l'aide humanitaire (chapitre 7), permet à la DGD de mieux préparer et assurer le suivi des orientations stratégiques, conformément aux recommandations du dernier examen par les pairs (OCDE, 2010).

Enfin, la signature de contrats de gestion entre l'État et les principaux acteurs de la coopération que sont la CTB et la BIO facilite leur encadrement stratégique.

La Belgique a des mécanismes de concertation qui s'avèrent efficaces lorsqu'ils ont une stratégique

La capacité de pilotage de la coopération belge et le rôle des principaux acteurs chargés de la mise en œuvre de l'aide publique ont été renforcés. Le quatrième contrat de gestion de la CTB clarifie la division des tâches avec la DGD sans fondamentalement modifier les termes du précédent contrat. De son côté, le 1er contrat de gestion signé avec BIO permet de mieux encadrer son rôle d'acteur du développement (chapitre 1).

La coopération belge ne se limite pas à ces trois institutions. En effet, la DGD est en relation avec un nombre d'acteurs au niveau fédéral, en particulier les Directions générales du SPF Affaires étrangères chargées des affaires bilatérales et multilatérales. Dans le cas des relations avec les autres directions du SPF Affaires étrangères, la coordination est assurée par le comité de direction. Le SPF a mis en place plusieurs dispositifs formels et informels de concertation *ad hoc* dans ce cadre. Parmi eux, on distingue les réunions mensuelles concernant le Sahel et les réunions bi-mensuelles sur l'Afrique centrale, qui réunissent le SPF Affaires étrangères, le SPF Intérieur, le SPF Finances, le ministère de la Défense, le SPF Justice (Sécurité de l'Etat) et l'Organe de coordination pour l'analyse de la menace (OCAM). Ces exemples de concertation pangouvernementale à vocation sécuritaire et politique aboutissent à des interventions cohérentes bien identifiées. Il existe par ailleurs des thèmes pour lesquels certaines structures ont été mises en place, notamment sur la sécurité alimentaire (encadré 4.1) et le financement du développement et l'agenda post-2015. Des concertations interdépartementales *ad hoc* mobilisent également les forces autour de crises, comme l'épidémie Ebola ou la Syrie. Néanmoins, la coordination au niveau central n'est pas toujours reflétée sur le terrain, comme l'équipe de l'examen a pu l'observer au Rwanda (annexe C).

Au niveau des entités fédérées, la Flandre, la Wallonie-Bruxelles International et Bruxelles-Capitale ont leur propre législation et cadres stratégiques et sont également compétentes dans des domaines susceptibles d'impacter sur les efforts de développement des pays partenaires. Après une période difficile due au manque de clarté sur l'évolution de la compétence en matière d'aide publique entre les niveaux fédéral et fédéré, la coordination entre l'État et les régions est en voie d'amélioration avec l'organisation de réunions semestrielles qui servent pour l'instant principalement à l'échange d'informations. Ces réunions pourraient utilement mener à l'adoption d'une vision commune du développement et à plus de cohérence et de complémentarité entre les interventions. Les sujets de discussion ne manquent pas : agenda post-2015 sur le développement durable, lutte contre le changement climatique, Déclaration de Busan ou Programme pour le changement de l'UE.

Encadré 4.1 Des échanges multi-acteurs autour de la sécurité alimentaire

Le Fonds belge pour la Sécurité alimentaire (FBSA) est une initiative parlementaire qui implique différents acteurs dans un programme de développement unique oeuvrant à l'amélioration de la sécurité alimentaire dans une région bien déterminée. Pour sa part, la plate-forme sécurité alimentaire rassemble des représentants de l'administration fédérale, de la CTB, des ONG et du monde académique. Cette plate-forme a servi à élaborer la Note stratégique agriculture et sécurité alimentaire, dont la DGD assure le suivi. Elle peut s'élargir à d'autres acteurs fédéraux en fonction des thèmes. La coordination des positions belges sur la sécurité alimentaire se fait au travers de la Coormulti.

L'approche « programme intégré » a le potentiel de renforcer la coordination mais ne concerne pas tous les acteurs

Sur le terrain, la coordination entre les différents acteurs de l'aide révèle le pragmatisme de l'approche belge.

La mission au Rwanda a confirmé que l'ambassade et la représentation locale de la CTB mettaient à profit les rôles et avantages comparatifs de chacun en fonction des enjeux (annexe C). Le quatrième contrat de gestion facilite l'implication de la CTB en amont du processus, ce qui devrait renforcer cette coordination ; le projet « one roof » qui prévoit un hébergement commun dans les pays où cela est possible, agira dans le même sens. Outre le fait que ce regroupement devrait être envisagé dans tous les pays partenaires, un pas supplémentaire consisterait à installer une représentation conjointe. Cette pratique faciliterait la mise en application de la programmation conjointe et rationaliserait la gestion des ressources[4]. En revanche, la coordination avec BIO est encore faible, celle-ci n'ayant pas de représentation locale. Des efforts se traduisent toutefois par l'implication récente de l'agence dans la préparation des commissions mixtes. Enfin, on observe quelques exemples de coordination au cas par cas avec les entités fédérées, comme au Mozambique (encadré 4.2).

Néanmoins, malgré une certaine pratique de la coordination, les stratégies-pays se limitent encore aujourd'hui aux activités et acteurs de la coopération gouvernementale. Conformément au principe de partenariat de Busan, une approche « programme intégré » devrait permettre de renforcer les synergies avec les autres acteurs de la coopération belge. Cependant, la Belgique ne prévoit pas d'inclure les acteurs gouvernementaux belges dépassant le cadre de la coopération. Il s'ensuit qu'il n'est pas possible à ce stade de définir une stratégie à l'échelle de l'administration toute entière.

Encadré 4.2 Coopération entre la CTB et la coopération flamande au Mozambique

Depuis 2006, la coopération flamande finance, à hauteur de 2 millions EUR annuels, le fonds commun « Prosaude » géré par le gouvernement du Mozambique dans le secteur de la santé. Suite à des interrogations concernant la qualité de la gestion des finances publiques, les donneurs et le ministère de la Santé ont mis en place un plan d'action dont l'un des aspects concerne le renforcement de la gestion de ces finances. Dans ce cadre, le gouvernement flamand a financé en 2013 un expert technique de la CTB pour appuyer le groupe de travail qui administre le fonds commun. Cette intervention contribue à améliorer la gestion financière du ministère de la Santé.

Source: Site officiel du gouvernement flamand, flanders.be.

La faible délégation des responsabilités limite les progrès institutionnels

Des efforts ont été mis en œuvre pour renforcer la coordination des principaux acteurs belges de la coopération et leur capacité à mettre en œuvre une aide efficace.

La réforme de la DGD de 2012, motivée par la nécessité d'alléger les procédures administratives, de réduire les coûts, et de renforcer le rôle de la direction-générale, a permis de préciser les nouvelles missions, vision et valeurs de la DGD et de simplifier son architecture[5]. Le comité stratégique, qui impulse la concertation et repère les possibilités de collaboration transversale, ainsi que la formation d'équipes « transdirectionnelles », devraient faciliter la cohérence et la coordination entre les différentes directions. Un effort additionnel sera nécessaire pour améliorer la communication entre la DGD et les ambassades, le personnel ayant le sentiment que les instructions sont parfois éloignées des réalités du terrain (SPF PO, 2013 et Annexe C)[6].

Ces difficultés de communication, couplées à l'absence de délégation financière au niveau pays, limitent la capacité des ambassades à assumer pleinement leur rôle de pilotage conformément aux engagements pris à Busan sur la coopération responsable. C'est pourquoi les efforts de décentralisation mis en œuvre par la Belgique doivent être renforcés[7].

Le quatrième contrat de gestion entre la DGD et la CTB confirme la priorité donnée au renforcement des capacités, qui engendre la diversification des rôles et responsabilités des personnels sur le terrain. Par ailleurs, suite à une mission en République Démocratique du Congo, la CTB est en train de réfléchir à adapter son modèle organisationnel dans le pays, par exemple en renforçant le principe de subsidiarité (encadré 4.3). La conduite d'une telle réflexion sur un cas précis pourrait servir de modèle pour ajuster les structures de programmation de la CTB dans les États fragiles. Toutefois, malgré ces évolutions, le mode de fonctionnement de l'agence reste axé sur un mode projet, dont les procédures réduisent sa capacité à s'adapter à l'évolution du contexte une fois ces projets engagés (chapitre 5).

Encadré 4.3 Relever les défis dans les États fragiles en adaptant le système

Une mission de la CTB s'est rendue en RDC en octobre 2014 pour examiner comment améliorer l'efficience et l'efficacité du programme. La mission s'est penchée sur les points suivants :

- rationalisation du modèle organisationnel ;
- renforcement des systèmes de contrôle qualité ;
- clarification des rôles et des responsabilités tels que fonctions pouvant être décentralisées ; descriptions de fonctions ; mandats spécifiques, notamment élargissement à d'autres domaines de gestion tels que la qualité ; et modification des descriptions de processus ;
- adaptation de la politique de gestion des ressources humaines au contexte particulier de la RDC.

Un grand nombre de changements ont été proposés à l'issue de la mission, notamment :

- décentralisation, non seulement du siège (Bruxelles) au profit du bureau pays, mais aussi de ce dernier au profit des implantations locales, là où la programmation est faite ;
- augmentation des effectifs sur le terrain et adaptation des incitations et de la politique de ressources humaines aux conditions de travail difficiles ;
- adaptation des systèmes publics de passation de marchés ;
- réduction de la hiérarchie de la prise de décision à trois échelons maximum.

Le rapport est accompagné d'une présentation générale de la façon dont les plans de restructuration seraient financés et comprend un programme de travail et un calendrier détaillés pour la mise en œuvre des changements.

Source : CTB (2014d), Rapport de la Mission Interdépartementale en RDC (30/09 (30/09 -04 /10/14), non publié.

Adaptation au changement

Indicateur : Le système est capable de se réformer et d'innover pour faire face à l'évolution des besoins

La Belgique se donne les moyens de penser le changement organisationnel. Elle doit poursuivre ses efforts pour assurer la mise en œuvre de ce changement dans la pratique des agents.

La Belgique orchestre le changement organisationnel mais des clarifications et de nouvelles adaptations sont nécessaires

Le gouvernement belge est activement engagé dans la réorganisation de ses institutions et tente de faire face à l'évolution des besoins. La DGD a notamment réalisé un audit visant à donner la parole au personnel et a mis en place des groupes de travail et de pilotage pour renforcer la collaboration et l'échange d'informations, y compris avec les attachés de coopération actifs sur le terrain. Par ailleurs, la réforme de la DGD en 2012 répondait à une nécessité pratique – gérer la baisse continue des effectifs – et stratégique – renforcer le rôle de la Direction-générale en tant que centre de décision et de connaissance (chapitre 6).

Les progrès accomplis depuis la réforme sont suivis semestriellement à travers le plan de management 2013-19 (DGD, 2014b). En pratique, la réalisation de la plupart des objectifs a pris du retard par rapport au calendrier initial. Les raisons de ce retard sont liées aux changements politiques depuis 2012 et aux bouleversements que la réforme engendre sur les pratiques des acteurs concernés. De l'avis des agents consultés (SPF P0, 2013), la réforme est un véritable défi, les services et directions ayant l'habitude de fonctionner verticalement par tâches/dossiers/pays. En dépit des efforts déployés pour consulter et communiquer, les résistances au changement demandent un effort renouvelé de concertation et de négociation. Le contexte de consolidation budgétaire actuel, qui se traduit par des restrictions budgétaires affectant le personnel, le fonctionnement et les investissements, ne facilite pas la mise en œuvre de la réforme.

Les procédures freinent encore l'innovation

En travaillant plus étroitement avec des acteurs non traditionnels de la coopération, en particulier les universités et les centres de recherche, la Belgique fait preuve d'ouverture et de volonté de mieux comprendre l'évolution des enjeux, en particulier ceux liés à l'environnement et aux États fragiles. Néanmoins, cet effort ne se reflète pas au niveau de la mise en œuvre étant donné certaines rigidités liées aux procédures de programmation et aux modalités d'acheminement (chapitre 5).

Ressources humaines

Indicateur : Le membre gère ses ressources humaines efficacement afin de répondre aux contraintes du terrain

La succession des restrictions budgétaires et les réformes de la gestion des ressources humaines au sein du SPF Affaires étrangères impliquent de conduire une réflexion sur le maintien de l'expertise au sein de l'administration et sur le terrain. Dans ce dernier cas, cette réflexion devra s'étendre aux questions de mobilité et d'offre de formation pour le personnel en poste.

La DGD n'a pas progressé sur la problématique de la gestion des ressources humaines

L'examen précédent avait identifié la gestion des ressources humaines, notamment au sein de la DGD, comme un enjeu majeur pour la coopération belge. Peu de progrès ont été réalisés depuis. La DGD a subi de plein fouet la baisse des effectifs. Cette tendance, qui va se poursuivre dans les années à venir, affecte aussi bien l'administration centrale que le réseau d'attachés actifs dans les représentations belges. C'est ainsi que l'administration centrale est passée de 173 collaborateurs en 2010 à 150 en 2014 (133 agents de la carrière interne et 17 de la carrière externe). La même année, on comptait 73 attachés. Le départ à la retraite de 61 agents à partir de 2019, dont 22 attachés, laisse penser que cette situation pourrait empirer. La contraction des effectifs est aggravée par la forte rotation du personnel, qui se traduit par une perte de mémoire institutionnelle et d'expertise.

Pour pallier ces difficultés, la Belgique a mis en place diverses mesures administratives et de valorisation des expertises extérieures au SPF Affaires étrangères. Étant donné la fusion des carrières externes au sein de ce même SPF et les limitations pour les recrues internes de se rendre sur le terrain, ces efforts sont indispensables au maintien d'une masse critique d'experts en matière de développement. Une telle expertise est nécessaire au pilotage, au dialogue politique et au suivi des partenariats.

La CTB emploie actuellement 183 collaborateurs au siège, 253 expatriés[8] et 1 000 agents recrutés dans les 18 pays partenaires. Si elle a dû faire face à des difficultés similaires en termes de restriction de personnel, 202 agents de moins depuis 2010, elle a néanmoins su conserver une expertise développement qualifiée et une forte présence sur le terrain. Par ailleurs, la mise en place d'un système d'incitations[9] permet à l'Agence de mobiliser une expertise adéquate, y compris dans des contextes traditionnellement peu attractifs, tels que les zones en situation de fragilité dans lesquelles elle est principalement amenée à travailler. Néanmoins, comme cela a été observé au Rwanda, la CTB rencontre des difficultés à retenir une expertise qualifiée au niveau du personnel local car les salaires qu'elle propose ne sont pas toujours compétitifs comparés aux salaires proposés par d'autres donneurs.

Contrairement aux autres acteurs de la coopération gouvernementale, le personnel de BIO s'est stabilisé à 40 personnes au siège. Le profil des agents s'est partiellement diversifié pour intégrer de l'expertise en matière de développement et d'environnement, reflétant ainsi les orientations stratégiques de l'agence.

La demande de formation du personnel émanant du terrain est forte ; la CTB poursuit activement la formation de son personnel

La formation du personnel de la DGD s'inscrit dans un plan annuel élaboré en fonction des besoins exprimés par les services, les directions et le personnel et inclut des sujets administratifs comme de sujets plus techniques relatifs aux enjeux de développement. Le fait que certaines de ces formations soient conduites avec le personnel de la CTB permet de renforcer la vision commune des enjeux de développement et traduit une gestion pragmatique des ressources. Néanmoins, la mission au Rwanda a permis de constater que la demande de formation pour le personnel sur le terrain était forte. De ce fait, et en raison des difficultés pour les carrières internes de se rendre sur le terrain, l'organisation de journées annuelles de la DGD est primordiale pour maintenir une espace d'échange entre les personnels du siège et du terrain.

La CTB est très active en ce qui concerne la formation du personnel avec une moyenne de cinq jours de formation par an par agent et une forte implication dans le réseau Learn4Dev. En offrant un coaching à ses collaborateurs locaux et en leur donnant la possibilité de suivre des formations, la CTB vise également le renforcement des capacités locales dans les pays partenaires. Néanmoins, les ressources financières disponibles pour la formation du personnel recruté localement ne permettent d'offrir que des formations disponibles dans le pays, qui ne sont pas nécessairement adaptées aux besoins. La participation à des formations organisées au niveau régional, y compris par des tiers, est une option à étudier.

Au sein de BIO, les formations répondent avant tout aux besoins de l'entreprise avec l'organisation de formations annuelles sur des sujets-clés. Des formations individuelles peuvent être proposées en fonction des besoins liés à la fonction.

Notes

1. Le fait que le Directeur de la cellule stratégique du ministre de la Coopération soit représenté dans ce comité facilite les décisions qui concernent les orientations stratégiques de la DGD.

2. Le dernier plan de management 2013-19 a été élaboré lors du gouvernement précédent par le Directeur-général (DGD, 2014b). Bien qu'antérieur à la loi de mars 2013 relative à la coopération au développement et à l'aide humanitaire, les orientations du plan sont cohérentes avec la finalité de la loi (chapitre 2). Le plan de management est associé à une série d'objectifs et d'indicateurs qui traitent de la cohérence des politiques, l'efficacité de l'aide et la gestion axée sur les résultats, la lutte contre la pauvreté, les PMA et États fragiles, et une meilleure complémentarité entre l'aide humanitaire et la coopération au développement.

3. Le plan de management a déjà servi de base à l'élaboration des descriptions de fonction et des objectifs des membres du personnel dans le cadre du cycle de l'évaluation annuel des performances.

4. Des arrangements de ce type existent chez certains membres du CAD (la Norvège, l'Autriche dans certains pays) avec des résultats positifs en termes d'efficacité de l'aide.

5. Suite à la réforme, la structure de la direction-générale a été ramenée à quatre directions, la division responsable des programmes multilatéraux et européens (D4) ayant été remplacée par une direction thématique (D2). Les autres principales innovations concernent la mise en place d'une cellule dédiée à la cohérence des politiques en faveur du développement au sein de la D2 ; le nouveau service de suivi des subventions octroyées aux ONG au sein de la division société civile (D3), et le service d'éducation au développement ; la gestion des risques et le service qualité et résultats ont fusionné en un seul service « gestion et qualité des résultats » au sein de la Division de la gestion (D4), qui comprend aussi la communication.

6. Selon le récent rapport sur la communication interne à la DGD, les représentants de la DGD sur le terrain signalent un manque de coordination et de concertation entre les services de l'administration centrale. Le cloisonnement reste important et certaines instructions apparaissent « déconnectées » du terrain.

7. La décentralisation se manifeste principalement au niveau de la programmation et du suivi des PIC, et au niveau du contrôle de la qualité des dossiers techniques et financiers des projets, qui est désormais assuré conjointement par l'ambassade et la représentation de la CTB. En cas de divergence, le dossier est néanmoins soumis au Comité de contrôle de la qualité organisé par la CTB, à Bruxelles auquel participe la DGD D1, et les dossiers d'aide budgétaire sont eux directement soumis à ce comité.

8. Assistants techniques, juniors et personnels dans les représentations sur le terrain.

9. Ces incitations incluent par exemple des jours de congés supplémentaires, un encadrement additionnel et une reconnaissance professionnelle utile à l'évolution de carrière.

Bibliographie

Sources gouvernementales

BIO (2014), *Sustainable Human Development by Strengthening the Private Sector in Developing countries, Annual report 2013,* Société belge d'Investissement pour les pays en développement, Bruxelles.

CTB (2014a), Organigramme général de la CTB, Coopération Technique Belge.

CTB (2014b), Plan d'action Formation 2014.

CTB (2014c), *Rapport annuel 2013*, Bruxelles.

CTB (2014d), *Rapport de la Mission Interdépartementale en RDC (30/09 (30/09 -04 /10/14),* non publié.

CTB (2014e), *Stratégie Learning and Development.*

CTB (2012), Principes de Gestion des Ressources Humaines de la CTB, Bruxelles.

DGD (2014a), *Organigramme de la Direction générale de la Coopération au Développement et de l'Aide Humanitair,* Direction générale de la coopération au développement et de l'aide humanitaire.

DGD (2014b), *Plan de management 2013-2019*, Bruxelles, non publié.

DGD (2013a), *La Coopération Belge au Développement dans les Pays à Revenus Intermédiaires – Note Stratégique,* mars 2013, Bruxelles.

DGD (2013b), *Rapport annuel 2012 sur la coopération au développement de la Belgique,* SPF AE, Bruxelles.

Royaume de Belgique (2014a), *Arrêté royal portant assentiment au premier contrat de gestion entre l'État belge et la société anonyme de droit public « Société belge d'investissement pour les pays en développement », 2 avril 2014,* Moniteur Belge, Royaume de Belgique, Bruxelles.

Royaume de Belgique (2014b), *Arrêté royal portant assentiment au quatrième contrat de gestion entre l'État belge et la société anonyme de droit public à finalité sociale « Coopération Technique Belge», 2 avril 2014*, Moniteur Belge, Bruxelles.

SPF, PO (2013), *Stratégie de communication interne de la DG Coopération au Développement et Aide Humanitaire. Rapport final*, Service Public Fédéral, Personnel et Organisation, Bruxelles.

SPF AE (2015), *Budget général des dépenses 2015*, Service Public Fédéral, Affaires étrangères, Commerce extérieur et Coopération au développement, Bruxelles.

SPF AE (2014a), *Examen par les pairs de la Belgique 2015 – Mémorandum*, Document présenté à l'occasion de l'examen de l'aide belge par les pairs du CAD de l'OCDE, Bruxelles.

SPF AE (2014b), « Organigramme », Bruxelles.

Autres sources

CNCD 11.11.11 (2014), *Modernisation ou instrumentalisation de l'aide?, Rapport 2014 sur l'aide belge au développement,* CNCD, Bruxelles.

CNCD 11.11.11 (2013), *Rapport annuel d'activités 2013,* CNCD, Bruxelles.

HLF4 (Quatrième Forum de haut niveau sur l'efficacité de l'aide) (2011), « *Partenariat de Busan pour une coopération efficace au service du développement* », http://www.oecd.org/fr/cad/efficacite/49650184.pdf.

OCDE (2010), *Coopération pour le développement : Rapport 2010*, Éditions OCDE, Paris, http://dx.doi.org/10.1787/dcr-2010-fr.

Chapitre 5 : Mise en œuvre et partenariats de la coopération belge

Procédures de budgétisation et de programmation

Indicateur : Les procédures concourent à la distribution d'une aide de qualité telle que définie à Busan

Depuis le dernier examen par les pairs, la DGD a modifié sa procédure de programmation par pays afin d'accroître la qualité de l'aide fournie. Les nouvelles lignes directrices relatives à la programmation visent à accélérer la gestion du cycle de projets tandis que la DGD met à jour ses directives de renforcer l'alignement et le recours aux systèmes des pays partenaires. Si elles sont menées à bien, ces réformes seraient à même d'améliorer la qualité et l'efficacité de la coopération bilatérale de la Belgique. La mise en œuvre necessitera un suivi regulier et la notification des progrès accomplis.

La budgétisation pluriannuelle assure aux partenaires de la Belgique une bonne prévisibilité des apports d'aide

La procédure de budgétisation belge permet d'assurer une prévisibilité des apports sur plusieurs années. Chaque programme indicatif de coopération (PIC) est d'une durée d'environ quatre ans[1] et s'accompagne d'une enveloppe budgétaire. Cependant, comme il a déjà été indiqué dans le dernier examen par les pairs et comme cela a été observé au Rwanda, la prévisibilité est compromise par d'importants retards dans le versement des crédits budgétaires des PIC (annexe C)[2].

Pour acheminer son aide bilatérale, la Belgique a recours à divers instruments associés à des lignes budgétaires speçifiques inscrites dans la loi budgetaire annuelle. Si les perspectives pluriannuelles du budget national relatif à la coopération au développement assurent un certain niveau de prévisibilité de l'aide en fixant des montants globaux pour ces lignes budgétaires, le revers de la medaille est que la DGD a moins de souplesse pour adapter ses modalités de financement aux besoin et aux capacités des pays partenaires et des changements de contexte[3]. Conscient de cette difficulté, le plan de management de la DGD introduit la notion d'approche differenciée et indique sa volonté de développer des instruments de coopération plus flexibles, qui permettent de réagir de manière adaptée à des circonstances changeantes et de trouver le juste dosage entre prévisibilité et flexibilité (DGD, 2014).

Les programmes pays sont alignés sur les priorités nationales mais ne sont pas suffisamment flexibles pour répondre à l'évolution des besoins

Les PIC sont négociés avec les pays partenaires et alignés sur leurs priorités. Outre qu'elle soutient les processus d'appui à la programmation conjointe de l'UE dans les pays, la DGD s'efforce de simplifier sa propre procédure de programmation afin d'accélérer l'acheminement de l'aide. Pour renforcer la cohérence entre les secteurs prioritaires dans les PIC et dans les projets mis en œuvre par la CTB, cette dernière sera davantage associée à la conception du programme pays et à l'identification des projets, en collaboration avec le gouvernement partenaire[4]. Les nouvelles directives mentionnent la possibilité de mener à bien des analyses conjointes et d'utiliser les analyses déjà existantes : il conviendrait de donner plus clairement la priorité à cette disposition afin de limiter les doubles emplois et de réduire les coûts.

Le quatrième contrat de gestion entre l'État belge et la CTB donne plus de liberté pour modifier les réalisations attendues, les résultats et activités des projets en fonction de l'évolution de la situation. Cependant, les changements touchant l'objectif spécifique, la durée et le budget total doivent être approuvés par les services centraux et l'Inspecteur des Finances, ce qui limite la flexibilité[5]. L'adoption d'une approche sectorielle plus marquée envisagée par la Belgique (DGD et CTB), pourrait apporter plus de souplesse et contribuer à accélérer le processus entre identification, approbation et élaboration – surtout si elle se traduit par une approche programme, ce qui reduirerait le nombre de dossiers techniques et financiers.

Il est trop tôt pour dire si la nouvelle approche de la programmation adoptée par la DGD améliorera le respect des délais et la pertinence de la coopération belge pour le développement dans les pays prioritaires. Par exemple, si la conception des programmes a été déléguée aux ambassades et à la CTB, les services centraux continueront d'avoir une forte fonction de contrôle – la DGD et le ministre approuveront au moins trois documents[6] au cours des deux premières phases du cycle de programmation – ce qui ne permet pas de supprimer des couches administratives.

La Belgique envisage d'adopter une approche différenciée de l'utilisation des systèmes nationaux

Les nouvelles directives sur le recours aux systèmes nationaux permettent à la Belgique de les utiliser partiellement, ce qui est une avancée par rapport aux directives précédentes[7]. En procédant à une analyse des systèmes nationaux plus approfondie et une approche plus modulée pour le recours aux systèmes nationaux, la Belgique s'efforce de progresser au regard de l'engagement de Busan. La DGD a d'une part, décidé de participer à des opérations d'aide budgétaire sectorielle mais, d'autre part, cette modalité a été remplacée par des fonds communs dans certains pays[8]. La Belgique estime que ces fonds sont particulièrement utiles dans les États fragiles et aux fins du renforcement des institutions en permettant d'évoluer vers un plus grand recours aux systèmes nationaux (encadré 5.1).

Pour acheminer son aide gouvernementale, la Belgique a recours à divers instruments mais elle opère principalement par le biais d'unités de projets intégrées au sein des ministères fonctionnels et cogérées par la CTB et le gouvernement partenaire. La DGD indique que l'exécution nationale doit être l'option par défaut pour la mise en œuvre des projets[9]. Passer à l'exécution nationale signifie que la CTB va devoir adapter son modèle d'activité de trois manières de façon à : (i) jouer un rôle plus important dans le dialogue avec les partenaires ; (ii) assurer le suivi des performances ; et (ii) revoir son approche du renfocement des capacités et de l'assistance technique pour que le ministère partenaire soit vraiment aux commandes.

La DGD envisage d'adopter une approche plus systématique de la gestion des risques dans un contexte national hostile au risque

La DGD met davantage l'accent sur l'analyse plus systématique des risques afin d'éclairer la planification et la programmation des activités. Par exemple, l'avant-projet de la nouvelle directive sur l'aide budgétaire indique qu'une analyse des risques plus détaillée couvrant tout un ensemble de risques[10] doit être conduite. Le large éventail des risques couverts par cette analyse pourrait éclairer l'approche de la DGD dans ce domaine. En particulier, elle doit adopter une approche plus systématique des risques politiques et élaborer des outils pour gérer les risques dans le cadre des PICs. Dans ce cas, les notes fournies par la CTB aux services centraux des risques existants au niveau des pays pourraient s'avérer utiles.

Si la Belgique est prête à s'engager dans des environnements à risque, cette intention est contredite par le contexte politique national qui exige de l'administration qu'elle évite les risques sur les plans fiduciaire et sécuritaire. Cette pression a pour effet de détourner l'attention de la recherche d'un équilibre entre risques et opportunités de développement. Elle peut aussi nuire à la capacité de la DGD et de la CTB à innover en utilisant de nouveaux moyens d'acheminer la coopération au développement.

Encadré 5.1 L'évolution du fonds commun de l'éducation vers l'utilisation des systèmes nationaux

La DGD participe à des fonds communs dans des contextes fragiles et non fragiles et envisage d'augmenter ses investissements, en particulier dans les États fragiles.* L'expérience positive que constitue pour la Belgique le « fonds commun de l'éducation » au Burundi permet de dégager des enseignements pour l'utilisation de cette modalité. Le fonds a été créé en 2007-08, initialement comme outil destiné à harmoniser les activités des donneurs dans un secteur fortement fragmenté, mais fonctionnant parallèlement aux systèmes nationaux. Ce fonds a par la suite commencé à utiliser les systèmes nationaux, puis s'est aligné sur la stratégie pour l'éducation de 2012 établie par le gouvernement burundais. La clé de ce succès tient notamment à la façon dont le fonds a été conçu : suffisamment de place a été laissée à l'adaptation au fur et à mesure de l'évolution de la situation du pays.

Source : De Maesschalck, F et al. (2014), *Report: Basket Funds in Fragile States, Institute of Development Policy and Management,* Université d'Anvers.

Note : *En réalité elle recourt peu à ces fonds qui representait 4.4 % des dépenses au cours de la période 2005-12.

La part de l'aide non liée est en augmentation

La part de l'APD non liée de la Belgique (hors frais administratifs et coûts des réfugiés dans le pays donneur) a été de 98.1 % en 2013 (contre 96.5 % en 2012). En 2013, la moyenne du CAD était de 83.2 %.

L'expérience liée à l'utilisation de la conditionnalité pour promouvoir la bonne gouvernance par le biais des *tranches incitatives* est mitigée

La Belgique s'appuie dans quelques pays partenaires sur des incitations financières appelées « tranches incitatives » – destinées à améliorer les résultats en matière de gouvernance et des droits humains, y compris lorsque ces questions ne font pas partie des programmes/projets soutenus par la Belgique dans le PIC. L'objectif sous-jacent de cet instrument est d'approfondir le dialogue politique et stratégique avec le pays partenaire en vue de promouvoir des éléments spécifiques de bonne gouvernance politique et/ou technocratique de manière structurée, et au niveau de décision le plus indiqué. Cependant, comme on l'a vu au Rwanda, ces incitations se sont révélées difficiles à appliquer concrètement. Les raisons sont dues en partie à la mauvaise conception des objectifs et indicateurs de performance et aux difficultés liées à l'appréciation des progrès au regard des conditions fixées. L'insuffisance du dialogue avec les autorités rwandaises lors de ce processus a exacerbé ces difficultés. Malgré la faiblesse de la base analytique, la Belgique a décidé de ne pas verser la tranche. Compte tenu de cette expérience et d'autres également en lien avec les tranches incitatives[11], la Belgique devrait revoir sa stratégie et sa méthodologie à l'appui d'une « conditionnalité positive ».

Partenariats

Indicateur : Le membre utilise convenablement les mécanismes de coordination, encourage les partenariats stratégiques afin de multiplier les synergies et œuvre au renforcement de la responsabilité mutuelle

En agissant en fervente partisane de la programmation conjointe de l'UE qu'elle a inscrite dans la loi et grâce aux mécanismes de coordination sur le terrain, la Belgique poursuit ses efforts en faveur d'une aide de qualité. Il reste à renforcer les efforts de complémentarité entre partenaires. Les objectifs de la réforme des modalités de subvention pour les acteurs non gouvernementaux sont pertinents. Néanmoins, l'impact de l'aide belge mise en œuvre via les acteurs non-gouvernementaux serait renforcé par une politique de partenariat clairement définie et conjointe avec la société civile et des critères clairs pour l'évaluation des performances.

La Belgique est fortement engagée en faveur de la coordination ; l'insuffisance des capacités dans les ambassades dessert ses ambitions

La Belgique adhère aux principes d'efficacité de l'aide, notamment en mettant en œuvre le programme pour le changement de l'Union Européenne via la coopération déléguée[12] et la programmation conjointe. Cette position a été confirmée au Rwanda où la Belgique respecte et soutient le rôle de premier plan que joue le gouvernement et assure la coprésidence de deux groupes de travail sectoriels ambitieux et hautement prioritaires pour le gouvernement rwandais (annexe C). Cependant, la Belgique éprouve quelques difficultés à tenir ses engagements et à réaliser ses ambitions. Cela apparaît avec évidence au Rwanda où bien que très dynamique et bénéficiant d'un certain soutien de la CTB, l'ambassade ne dispose pas des capacités suffisantes pour mettre en œuvre son ambition et ses engagements, notamment en ce qui concerne les mécanismes de coordination et les partenariats.

La Belgique participe activement au processus de responsabilité mutuelle

En négociant et en cosignant ses programmes indicatifs de coopération avec ses pays partenaires prioritaires, la Belgique veut promouvoir la responsabilité mutuelle. Les commissions mixtes, composées de représentants des gouvernements des deux pays, et les comité des partenaires, passent en revue les progrès accomplis. Il ressort clairement de la mission effectuée au Rwanda que la Belgique prend ces examens au sérieux car ils permettent aux gouvernements des deux pays d'évoquer les succès mais aussi les difficultés. Compte tenu de sa bonne performance dans ce domaine, la Belgique, en accord avec son partenaire, pourrait accroître la transparence en rendant publics les résultats des examens réalisés par les commissions mixtes et en étudiant la possibilité d'ouvrir ces examens à d'autres participants clés. De telles mesures seraient conformes aux critères relatifs à l'indicateur de Busan sur la responsabilité mutuelle (OCDE/PNUD, 2014).

La Belgique envisage l'adoption des « programmes pays intégrés » pour une approche plus globale et stratégique avec ses partenariats

La Belgique achemine son aide dans les pays prioritaires par l'intermédiaire de plusieurs modalités et partenaires. Comme indiqué dans le dernier examen par les pairs, « il serait possible d'adopter une conception plus large et plus stratégique de la collaboration avec les partenaires qui pourrait accroître la visibilité de l'aide de la Belgique ». Conformément à ces remarques, la Belgique est en train d'élaborer un « programme intégré » susceptible de modifier considérablement la façon dont elle travaille avec ses partenaires dans les pays prioritaires (SPF AE, 2014 ; chapitre 2). Les ONG et autres acteurs de la société civile belge rencontrés par l'équipe de l'examen par les pairs semblent apprécier l'objectif de cette initiative : elle a le potentiel de rassembler tous les acteurs de la coopération belge – gouvernementale et non-gouvernementale – autour d'objectifs partagés surtout si elle s'appuie sur la valeur ajoutée de chacun et renforce les synergies entre interventions.

La DGD est en train de clarifier l'approche en concertation avec la société civile belge. Cette concertation devrait l'aider à s'assurer de l'adhésion de ses partenaires, en particulier des acteurs de la coopération non gouvernementale (ACNG) belges dont le financement dépend des services centraux et qui craignent qu'une telle approche ne porte préjudice a leur droit d'initiative. Plusieurs membres du CAD tels que l'Australie, le Danemark, l'Irlande et la Suisse se sont dotés de stratégies pays couvrant un large éventail d'objectifs et de partenaires, y compris les ONG nationales, dont la Belgique pourrait s'inspirer.

L'analyse contextuelle commune à l'ensemble des acteurs non gouvernementaux belges dans les pays prioritaires pourrait contribuer à identifier les synergies et complémentarités pour l'élaboration d'un tel « programme intégré ». Cependant, pour ce faire, cette analyse devrait être élargie aux autres partenaires. À l'avenir il serait pertinent que cette analyse soit liée à l'élaboration des stratégies pays.

La réforme des subventions destinées aux acteurs belges de la coopération non-gouvernementale n'est pas guidée par une politique de partenariat avec la société civile

Les ONG et les autres acteurs non gouvernementaux belges, notamment les universités et les villes et communes, des mutuelles, des institutions scientifiques ou communautaires, les syndicats, sont très actifs dans le domaine du développement. Ils attirent un grand nombre de bénévoles impliqués dans des activités de sensibilisation de l'opinion publique et des responsables politiques aux problèmes de développement[13]. Les acteurs de la coopération non gouvernementale sont aussi des partenaires de premier plan pour acheminer l'APD belge : 24 % de l'APD bilatérale totale (322 millions USD) ont été fournis aux ou via ces acteurs non gouvernementaux en 2013 (annexe B, tableau 2). De plus, la mise en place des comités de concertation stratégique et technique au siège facilite la dialogue avec tous les acteurs de la coopération non gouvernementale.

L'arrêté royal 2014 introduit une réforme majeure des procédures de financement, fondée sur la consultation des ONG, qui sera appliquée en 2017 (Royaume de Belgique, 2014a). Les objectifs de réduire la fragmentation, simplifier les procédures administratives et promouvoir une approche davantage axée sur les résultats sont judicieux et opportunes[14]. Le gouvernement voudrait aussi de réduire les coûts de transaction très élevés attachés au portefeuille d'ACNG[15] et d'augmenter l'impact de son aide par une plus grande concentration.

Néanmoins, la mise en œuvre de ces réformes se révèle difficile pour la DGD qui doit à la fois gérer le portefeuille actuel des ACNG et mettre en place les fondations de la réforme pour qu'elle soit opérationnelle en 2017. Quant aux ACNG, ils sont très critiques vis-à-vis de certains éléments de la réforme[16]. Pour atténuer ces critiques la DGD devrait communiquer sur sa stratégie de mise en oeuvre et être transparente sur les critères, y compris de performance, qui seront appliqués par le nouveau processus d'accréditation puis lors de l'octroi de subventions à partir de 2017.

Cependant, en dehors de l'indication figurant dans la loi de 2013 selon laquelle le renforcement de la société civile et l'aide à la décentralisation sont des objectifs de la coopération avec les ONG, la DGD n'a pas de directive claire précisant les objectifs, le bien-fondé, et la valeur ajoutée des partenariats avec la société civile[17]. Cette lacune importante doit être comblée étant donné la baisse prévue des fonds destinés aux ACNG à compter de 2017. De plus, l'élaboration d'une politique formelle et transparente à l'égard de la société civile aiderait à éclairer les décisions en matière de financement qui étaient approuvées dans la récente législation[18].

États fragiles

Indicateur : Les modalités d'acheminement et les partenariats contribuent à assurer une aide de qualité

La Belgique milite pour que les donneurs soient plus engagés dans les contextes fragiles. Elle s'est dotée d'outils souples pour intervenir dans ces environnements complexes et peut utiliser les systèmes nationaux. Les quelques progrès observés, concernant une plus grande cohérence à l'échelle de l'ensemble de l'administration dans les contextes de fragilité, n'ont pas conduit à l'adoption d'une position belge commune à l'égard des partenaires, ni à une définition claire des rôles et des responsabilités des différents secteurs de l'administration. Cette occasion manquée de rapprocher les outils de la politique étrangère de la Belgique nuit au renforcement de l'efficacité de la réponse apportée. En outre, la Belgique devra s'assurer que les ressources et la délégation de compétences sont suffisantes sur le terrain pour que les programmes puissent être modifiés en fonction de l'évolution des situations. Cette ambition pourrait se révéler difficile dans le contexte actuel de réduction des effectifs.

L'absence d'approche vis-à-vis des États fragiles à l'échelle de l'administration est une occasion manquée

L'examen par les pairs de 2010 recommandait à la Belgique d'élaborer des stratégies pangouvernementales pour les États fragiles. Cela n'a pas été fait malgré quelques progrès allant dans le sens d'une plus grande cohérence. Par exemple, une équipe transdirectionnelle a été constituée pour examiner l'action de la Belgique au Mali et au Niger réunissant des agents des bureaux sur le terrain, des personnels chargés des contextes de fragilité et des universitaires. Une autre équipe, créée pour la Région des Grands Lacs, est composée de diplomates et de personnels du ministère de la Défense et de la Coopération au développement (chapitre 4). La DGD s'efforce également de mieux comprendre les risques tenant au contexte dans les États fragiles de manière à cibler ses programmes. Cependant, il n'existe pas encore de stratégie belge commune à l'égard des États fragiles partenaires. En outre, la Belgique n'a pas encore défini un ensemble de résultats pour l'action menée dans un pays donné, assorti d'une définition claire des rôles et des responsabilités des différents acteurs publics. Cette occasion manquée nuit à la cohésion de l'ensemble des outils de la politique étrangère belge en vue de soutenir une action plus efficace face aux situations de fragilité.

La Belgique est un ardent défenseur de l'engagement des donneurs dans les contextes de fragilité

La Belgique est active sur la scène internationale, plaidant pour que les autres donneurs restent engagés dans les situations de fragilité. Elle intervient aussi dans des zones où les autres donneurs ne sont pas présents, par exemple les régions reculées de la République démocratique du Congo. Des fonds communs sont utilisés pour soutenir la coordination, par exemple en faveur de l'enseignement au Burundi (encadré 5.1).

La Belgique soutient le renforcement de l'État mais doit veiller à accroître les compétences sur le terrain

Au Burundi, la Belgique joue un rôle moteur dans le domaine du renforcement de l'État en utilisant les systèmes nationaux de passation de marchés, convaincue que le coût des retards dans la mise en œuvre des projets est compensé par les gains découlant du renforcement des capacités du partenaire. Ces types de programme sont fondés sur des analyses approfondies des systèmes dont l'une est encore en cours au Mali. Dans les situations qui évoluent rapidement, comme au Mali suite au coup d'État de 2012, la Belgique a alloué son budget de réserve à des interventions mises en œuvre par l'intermédiaire des partenaires multilatéraux. Ce type de changement doit être approuvé à Bruxelles[19] et doit donc respecter la tolérance aux risques de l'Inspecteur des Finances. À mesure que la Belgique renforcera ses opérations dans les États fragiles, elle devra s'assurer qu'elle dispose des ressource adéquates sur le terrain, notamment d'une délégation de compétences suffisante, afin que les programmes puissent être efficaces dans ces environnements très mouvants.

Notes

1. La loi de finances 2015 (p. 19) stipule que la DGD peut souscrire de nouveaux engagements pluriannuels concernant ses pays partenaires jusqu'à concurrence de 250 millions EUR par année ; le stock total des engagements en cours ne peut pas dépasser 750 millions.

2. Les engagements se font sur la base des projets, dont l'approbation prend en moyenne deux ans (et jusqu'à cinq ans) une fois le PIC signé par les gouvernements des deux pays. L'approbation ne peut intervenir qu'après l'identification et la formulation du Dossier technique et financier. Selon la DGD, les retards sont souvent dus à la lourdeur du processus d'identification des projets. Ces retards ne s'appliquent qu'à la coopération de gouvernement à gouvernement, laquelle est gérée par la CTB et est généralement acheminée sous la forme d'un projet cogéré, intégré au sein de ministères fonctionnels.

3. Par exemple, le budget « Programmes pays » est composé de huit lignes budgetaires dotées d'un budget fixe indicatif jusqu'en 2019 (SPF AE, 2015).

4. Une période de 18 mois est prévue pour préparer le PIC.

5. Le budget sera toujours lié aux projets avec des dossiers techniques très détaillés devant être transmis à l'Inspecteur des Finances pour avis. Ce dernier évalue les dossiers au regard du cadre juridique, de critères fiduciaires, des stratégies de la DGD, et des analyses des risques de la DGD et de la CTB.

6. D'après les instructions du « Cycle de Gestion d'un Programme de Coopération » la proposition de termes de référence relatifs à la contribution de la CTB à la phase de préparation ; la note de base ; le projet de matrice de suivi ; le Programme de Cooperation definitif et la Convention specifique devraient être vu ou approuvé par le ministre.

7. Selon les directives précédentes, deux options seulement étaient possibles : utiliser les systèmes nationaux dans leur ensemble ou pas du tout.

8. Actuellement, la Belgique utilise cette modalité de l'aide au Burundi, au Rwanda, en Cisjordanie et Bande de Gaza, au Pérou, en Bolivie, et de nouveaux programmes sont en cours de préparation en Tanzanie, en Bolivie, et pourraient l'être en Ouganda.

9. Ce qui est conforme à l'engagement figurant dans la loi relative à la coopération belge au développement de 2013, selon laquelle « la coopération gouvernementale privilégie l'exécution nationale de ses interventions par les procédures, instruments et systèmes de gestion du pays partenaire et les renforce si nécessaire ».

10. Les huit risques à analyser sont les suivants : contexte politique, situation macroéconomique, politique sectorielle, dialogue sectoriel, système de suivi et d'évaluation, efficacité de la fonction publique, risques fiduciaires, corruption.

11 La tranche incitative est également utilisée en Ouganda en liaison avec l'aide budgétaire sectorielle en faveur de l'éducation, et au Burundi.

12. En passant en revue les PIC, on a pu observer que s'il existe plusieurs exemples de coopération déléguée, ceux-ci ne concernent pas nécessairement des secteurs prioritaires. D'après la DGD ceci est un choix politique: la cooperation déléguée permet d'intervenir en dehors des secteurs prioritaires car toutes les interventions dans les secteurs prioritaires sont exécutées par la CTB. En Ouganda, par exemple, la coopération déléguée avec le Danemark est mise en œuvre dans l'industrie agro-alimentaire qui n'est pas un secteur prioritaire.

13. Par exemple, la plateforme d'ONG flamandes 11.11.11. indique que 20 000 bénévoles œuvrent dans ses organisations membres.

14. La Méta-évaluation des programmes des acteurs non-gouvernementaux (SES, 2013) a conclu qu'il n'est pas possible de déterminer dans quelle mesure la coopération non-gouvernmentale de la DGD dans son ensemble a effectivement contribué au développement.

15. La DGD assure la gestion de programmes et projets multi-annuels avec 110 ONG et le Système des pays créanciers (SNPC) du CAD a 1 001 entrées pour les ONG nationales belges en 2013, avec un montant moyen de 177 000 USD).

16. Par exemple, les acteurs non gouvernementaux ont le sentiment que l'arrêté royal 2014 ne fait pas de distinction entre les différents types d'acteurs. Ils préféreraient que l'approche adoptée pour le financement soit axée sur le rôle et la valeur ajoutée des partenaires et les résultats à atteindre. Il semble aussi qu'il y ait une résistance au changement : les OSC belges jouissent depuis longtemps d'une grande autonomie pour décider de l'objectif et de la nature des programmes et projets qu'elles soumettent à la DGD et craignent que ce ne sera plus le cas. En outre, bon nombre d'organisations, en particulier celles qui sont de taille restreinte, semblent dépendre des subvention d'APD.

17. En 2009, le Groupe de Pilotage DGCD-ONG a approuvé deux notes sur les différents rôles des ONG belges, leurs spécialisations, complémentarités et synergies mais ces notes ne constituent pas une politique ou stratégie belge de partenariat avec la société civile pour la coopération au développement.

18. Elles sont : Le Loi 2014 modifiant la loi du 2013 relative à la coopération au développement et l'arrêté royal de 2014 concernant la subvention des acteurs de la coopération non gouvernementale.

19. Tout changement apporté aux objectifs, résultats attendus et calendrier des programmes doit être approuvé par les deux parties par échange de lettres. Un échange de lettre, comme une convention spéficique, est approuvé du côté belge par le Ministre.

Bibliographie

Sources gouvernementales

CTB (2014), *Rapport de la Mission Interdépartementale en RDC (30/09 (30/09 -04 /10/14)*, Coopération Technique Belge, non publié.

DGD (2015), *Draft Vademecum Begrotingshul/Budget Support*, Direction générale de la coopération au développement et de l'aide humanitaire,non publié.

DGD (2014), *Plan de management 2013-2019*, Bruxelles, non publié.

DGD (pas de date), *Cycle de Gestion d'un programme de coopération*, non publié.

DGD (pas de date), *Cooperation programme aid modalities and implementation modalities*, non publié.

DGD (2012), *Note politique sur la Tranche incitative,* Royaume de Belgique, Bruxelles.

DGCD – ONG (2009a), *Spécialisation, complémentarité et synergies : note de consensus*, non publié.

DGCD – ONG (2009b), *Les différents rôles des ONG Nord : note de consensus*, non publié.

Royaume de Belgique (2014a), *Arrêté royal concernant la subvention des acteurs de la coopération non gouvernmentale*, Moniteur Belge, Royaume de Belgique, Bruxelles.

Royaume de Belgique (2014b), *Loi modifiant la loi du 19 mars 2113 reltive à la Coopération au Développement.*

SPF AE (2015), *Budget général des dépenses* 2015, Service Public Fédéral, Affaires étrangères, Commerce extérieur et Coopération au développement, Bruxelles.

SPF AE (2014a), *Examen par les pairs de la Belgique 2015 – Mémorandum*, Document présenté à l'occasion de l'examen de l'aide belge par les pairs du CAD de l'OCDE, Bruxelles.

SES (2013), La Méta-évaluation des programmes des acteurs non-gouvernementaux, Royaume de Belgique, Service de l'Évaluation spéciale de la Coopération belge au développement, Bruxelles.

Autres sources

OCDE (2010), *Examens de l'OCDE sur la coopération pour le développement : Belgique 2010*, Éditions OCDE, Paris, http://www.oecd.org/fr/cad/examens-pairs/Belgique%20FR%20CRC.pdf.

OCDE/UNDP (2014), Making Development Co-operation More Effective: 2014 Progress Report, Éditions OCDE, Paris, http://dx.doi.org/10.1787/9789264209305-en.

Les ONGs belges (2015), soumission écrite à l'examen par les pairs de la Belgique, non publié.

Chapitre 6 : Gestion axée sur les résultats, apprentissage et reddition de comptes de la coopération belge

Politiques, stratégies, plans, suivi et notification

Indicateur : Un système de gestion axé sur les résultats est mis en place pour évaluer les performances au regard des priorités, objectifs de développement et systèmes des pays partenaires

La Belgique est en train de renforcer la culture du résultat et de développer des systèmes de suivi et de gestion appropriés, qui dépassent l'actuel suivi des projets mis en œuvre par la CTB. Le fait que la Belgique souhaite faire de la gestion axée sur les résultats une responsabilité première des partenaires et que des mécanismes de consolidation ne soient pas encore clairement définis risque de fragiliser l'objectif d'une gestion axée sur les résultats au niveau pays. La consolidation des mécanismes de suivi avec les mécanismes d'évaluation sera importante pour dépasser cette difficulté. Dans ce cadre, la Belgique devra être attentive à préserver son approche qui consiste à utiliser au maximum les systèmes de suivi de ses pays partenaires.

La Belgique travaille à l'amélioration de son système de gestion axé sur les résultats, limité à l'heure actuelle au niveau des interventions

Suite aux recommandations de la revue par les pairs de 2010, la Belgique commence à développer une approche fondée sur les résultats. L'importance accordée à cet enjeu est confirmée au plus haut niveau avec mention dans la dernière loi de coopération[1] et se traduit par une exigence de suivi des résultats par les partenaires de la coopération[2], par une réorientation des évaluations stratégiques vers la mesure des résultats[3] et par la création d'un service en charge de cette thématique.

En complément de ce cadre légal et stratégique, la Belgique travaille à promouvoir une culture de résultats. La conduite de formations conjointes entre le personnel de la DGD et de la CTB, ainsi que le processus consultatif de rédaction de la note stratégique sur les résultats, ont permis une compréhension partagée des notions et de l'approche à suivre. Néanmoins, l'agenda des résultats n'est pas internalisé et fait face à une faible demande de résultats de la part du public et des parlementaires et une attention portée avant tout sur les décaissements. Des efforts complémentaires seront nécessaires pour renforcer cette culture et faire de la gestion axée sur les résultats une fonction du quotidien des agents de la coopération belge.

La note stratégique « résultats de développement », récemment approuvée par le Ministre, prévoit qu'une démarche similaire devra être développée au niveau programmatique et au niveau pays, notamment via l'élaboration d'une matrice de résultats associée aux programmes indicatifs de coopération. Á l'heure actuelle, l'application des concepts-clés de la gestion axée sur les résultats n'est pas encore généralisée ni homogène. Elle se limite, quand elle existe, au niveau des projets[4]. Néanmoins, les mécanismes permettant la consolidation des cadres de résultats doivent encore être définis. Sans de tels mécanismes, la Belgique prend le risque de développer une approche fragmentée qui ne lui permettra pas d'accumuler les informations nécessaires pour la prise de décision au niveau stratégique souhaité.

Faute d'informations consolidées et d'orientations claires pour le traitement des rapports fournit par les partenaires, l'utilisation des informations issues des mécanismes de suivi et d'évaluation par la DGD est inconstante et peut générer des différences importantes dans les orientations décidées sur la base des résultats. La mission au Rwanda a permis de confirmer que le personnel sur le terrain n'a pas toujours une vision claire de l'utilisation des informations transmises. Ceci, couplé à des stratégies sectorielles encore faiblement orientées sur les résultats, fragilise la capacité de pilotage de la coopération belge par la DGD. Un message clair sur l'utilisation des résultats doit encore être transmis. Par ailleurs, passer d'une gestion axée sur les résultats au niveau des interventions à un niveau sectoriel et pays nécessitera de développer une culture des résultats.

La mesure des résultats implique activement le pays partenaire mais se limite aux interventions et elle est peu utilisée à des fins de transparence

Au niveau des projets mis en œuvre par la CTB, le dispositif de mesure des résultats est construit avec les parties prenantes et, autant que faire se peut, utilise les indicateurs et systèmes d'information du pays partenaire. Ceci a été confirmé lors de la visite au Rwanda. Les informations issues de la matrice de résultats sont discutées annuellement au sein du comité de pilotage des projets et sont utiles à la gestion des projets. Un rapport de monitoring final et des évaluations finales internes sont par la suite utilisés à des fins de communication entre le terrain, le siège de la CTB et la DGD. En pratique, les agents en charge du suivi mentionnent la difficulté à mesurer les résultats au-delà des réalisations, difficulté accentuée par l'évolution de la coopération belge vers un accompagnement du changement plutôt qu'une fourniture de bien et service.

Par ailleurs, la coopération belge éprouve des difficultés à mesurer et à rapporter les résultats de ses actions de coopération à un niveau plus consolidé, comme l'illustre la faible orientation résultats des notes d'appréciation de la mise en œuvre du PIC. En outre, les évaluations couvrent soit les interventions[5], soit un niveau très stratégique[6], et ne permettent pas d'alimenter la décision au niveau des programmes ou des pays. De plus, le dispositif de suivi n'est pas encore utilisé pour renseigner les besoins en évaluation. La réforme de la fonction d'évaluation au sein de la CTB, ainsi que la mise en place d'une matrice de résultat au niveau pays, devraientrépondre à cette difficulté, si tant est que les évaluations et la matrice renseignée soient utilisées par la suite.

Pas d'approche différenciée dans les contextes fragiles

La Belgique n'a pas d'approche spécifique aux environnements fragiles et la note stratégique relative aux résultats ne prévoit pas d'approche différenciée.

Système d'évaluation

Indicateur : Le système est conforme aux principes du CAD en matière d'évaluation

Le système d'évaluation de la Belgique s'inscrit dans les principes du CAD et assure l'indépendance de la fonction d'évaluation. Les efforts en cours pour renforcer les capacités d'évaluation de la coopération belge devraient permettre une plus grande couverture de son portefeuille. Néanmoins, il n'est pas sûr que les réformes prévues soient suffisantes pour assurer la conduite d'évaluations au niveau stratégique adéquat. Enfin, la Belgique est encouragée à poursuivre ses efforts de renforcement de capacités des pays partenaires, y compris à travers les évaluations conduites par ses partenaires.

La Belgique dispose d'une politique d'évaluation externe qui s'oriente sur les résultats

La nouvelle loi de coopération distingue l'évaluation externe des évaluations internes, désormais sous la responsabilité des opérateurs de la coopération gouvernementale et non gouvernementale. Depuis mai 2014, la conduite des évaluations externes est encadrée par le politique d'évaluation du Service de l'évaluation spéciale de la coopération au développement. Cette politique s'aligne sur les principes et normes de qualité élaborés par le CAD et exprime une claire orientation vers la mesure des résultats de développement et impacts de la coopération belge. Elle clarifie aussi les rôles et responsabilités du service d'évaluation, désormais seul organe en charge de l'évaluation au sein du SPF Affaires étrangères[7].

Le service est chargé de la conduite des évaluations stratégiques et des politiques d'une part, et de l'harmonisation et la certification des services d'évaluation des opérateurs, en charge des évaluations internes, d'autre part. Doté d'une ligne budgétaire spécifique, hors du budget DGD, le service est assuré de disposer des ressources financières nécessaires à la conduite des évaluations sans qu'elles soient absorbées par la mise en œuvre. Cependant, bien que le budget de fonctionnement du service soit suffisant pour conduire des évaluations complexes et de qualité, les incertitudes relatives à ses effectifs, couplées à ses nouvelles fonctions de certification pourraient limiter sa capacité à mener à bien l'ensemble de son nouveau mandat.

Les opérateurs sont quant à eux en charge des évaluations internes. BIO et la CTB travaillent à renforcer leurs capacités d'évaluation mais leurs stratégies en la matière doivent encore être finalisées.

La Belgique met l'accent sur l'indépendance des évaluations

L'indépendance des évaluations est principalement assurée par le service de l'Évaluation spéciale. En effet, ce service est indépendant du processus d'élaboration et de mise en œuvre des politiques. Bien que pouvant consulter la DGD et les différents opérateurs pour la planification des évaluations, il est indépendant dans le choix, la mise en œuvre et la diffusion de ses évaluations, grâce à un budget propre. Par ailleurs, le recours à des évaluateurs externes indépendants doit permettre de renforcer cette indépendance et impartialité des évaluations, par ailleurs évaluée dans le cadre du processus de certification des opérateurs. Il est par exemple prévu que le nouveau service d'évaluation de la CTB soit directement attaché au conseil d'administration. Si son indépendance semble assurée, il sera important que le service dispose des ressources suffisantes pour assurer sa fonction.

Les mécanismes d'évaluation en place ne permettent pas encore de couvrir les niveaux intermédiaires de programmation

Les mécanismes d'évaluation en place permettent la conduite d'évaluations stratégiques et de projets répondant à des demandes politiques ou opérationnelles. Les évaluations de niveau intermédiaire telles que les évaluations sectorielles ou pays font néanmoins défaut.

En effet, les interventions mises en œuvre par la CTB font l'objet d'évaluations internes systématiques. Les évaluations stratégiques et de politique sont quant à elles soumises à une programmation quinquennale, actualisée chaque année. Sur l'ensemble du cycle, cette programmation doit permettre de couvrir une part significative de l'APD, et la diversité des partenaires, secteurs et modalités d'acheminement de l'aide. Dans la pratique, le dernier cycle de programmation a avant tout permis de couvrir les différentes modalités d'acheminement de l'aide. Par ailleurs, ces évaluations étant destinées aux décideurs politiques ainsi qu'aux hauts responsables de la coopération, elles n'abordent pas les questions posées au niveau des pays[8], là où se concentre la gestion axée sur les résultats.

Le mandat de la nouvelle division en charge des résultats devrait permettre de renforcer le lien entre les demandes de la DGD et la programmation des évaluations. De même, la future mise en place d'un service d'évaluation au sein de la CTB devrait permettre de palier à ce manque d'évaluations dites intermédiaires. Il s'agira toutefois de clarifier les modalités de financement du service et de programmation des évaluations afin d'assurer une couverture stratégique du portefeuille et de fournir des moyens adaptés.

La Belgique est engagée dans les évaluations conjointes mais pourrait mieux impliquer les pays partenaires

Le renforcement des capacités des pays partenaires fait partie du mandat du service de l'Évaluation spéciale. Ceci se traduit en pratique par l'implication des pays dans les exercices d'évaluation, principalement dans le cadre d'exercices de restitution et de conduite d'évaluations conjointes. En effet, le service est fortement engagé dans la conduite d'évaluation en partenariats avec d'autres bailleurs de fonds et dans une moindre mesure avec les partenaires bénéficiaires de l'aide.

Cet engagement est plus limité au niveau des évaluations conduites par la CTB du fait du cadre très formaté des revues internes qui réduit l'implication des pays partenaires dans la définition des termes de référence. Néanmoins, il est essentiel de noter que les conclusions et recommandations sont discutées au sein du comité de pilotage des interventions. Aussi, l'implication stratégique des pays partenaires dans les évaluations devra être prise en compte dans le processus de certification à venir. Ce faisant, la Belgique pourrait renforcer la responsabilité mutuelle et les capacités locales.

Apprentissage institutionnel

Indicateur: Les évaluations et des systèmes de gestion des connaissances adéquats sont utilisés comme outil de gestion

L'utilisation des informations, connaissances et expertise dont la coopération au développement belge est pourvue, pourrait être rendue plus stratégique et systématique moyennant des efforts renforcés. La DGD et la CTB s'emploient à promouvoir l'apprentissage institutionnel. Pour devenir des institutions qui valorisent le savoir et partagent les connaissances, elles doivent développer les appuis auprès des hauts responsables et une stratégie. Elles ont également besoin d'élaborer des mesures incitatives pour que les agents utilisent les systèmes en place.

La DGD n'exploite pas pleinement les conclusions des évaluations aux fins de l'apprentissage et de la gestion globale du programme

La façon dont la DGD tire les enseignements des évaluations et utilise leurs conclusions, comme recommandées dans l'examen par les pairs de 2010, laisse entrevoir un tableau mitigé. Par exemple, le service Évaluation spéciale assure la diffusion des résultats et des enseignements des évaluations qu'il commande et toutes doivent obligatoirement recevoir une réponse de la direction. Pourtant, les réponses des directions semblent faire l'objet d'une résistance au sein de la DGD : le délai de réponse dépasse les deux mois convenus et, en général, le retour est vague et n'indique pas de calendrier des mesures à prendre[9]. Enfin, l'Évaluateur spécial ne donne pas systématiquement suite aux réponses de la direction. Il y aurait donc lieu de revoir l'utilisation des mécanismes de retour d'information sur les évaluations afin qu'ils jouent correctement leur rôle.

Selon le mémorandum de la Belgique, « Les rapports d'évaluation que la DGD reçoit des acteurs sont systématiquement discutés par les services gestionnaires » et la CTB et les comités de pilotage des projets passent en revue les recommandations formulées dans les examens externes et internes des interventions. Mais ces évaluations et examens ne sont pas diffusés au-delà de ces cercles. Cette lacune nuit à la prise en compte d'enseignements et à l'identification de bonnes pratiques.

L'ambition de faire de la DGD un centre de connaissances pour la coopération au développement nécessite une stratégie clairement définie

La DGD s'est dotée d'un plan de management avec sept objectifs, parmi lesquels celui de devenir un centre de connaissances. L'ambition est de pouvoir prendre des décisions davantage fondées sur des données concrètes et d'accroître l'efficacité des projets et des programmes (DGD, 2014). Il est donc tout particulièrement urgent de créer une culture institutionnelle qui valorise le savoir et promeut le partage des connaissances. Or, les effectifs diminuent et, parmi eux, les agents ayant une expérience de terrain. Les connaissances acquises sont d'autant plus précieuses (chapitre 4). Comme l'audit consacré à la communication interne à la DGD le recommandait, il faut améliorer la gestion et la circulation de l'information au sein de la DGD (SPF PO, 2013). En effet, elle dispose d'un système de production et de partage des connaissances à travers de nombreuses activités formelles et informelles[10] et possède la technologie nécessaire pour archiver l'information et les produits à forte intensité de savoir. Toutefois, les agents utilisent peu ce système et s'arrêtent à l'échange d'informations. En mobilisant plus systématiquement les enseignements de son expérience et en adoptant une approche stratégique pour la gestion des connaissances, la DGD pourrait les utiliser comme un outil de gestion prospective et d'aide à la décision.

Communication, reddition de comptes et sensibilisation au développement

Indicateur: Le membre communique les résultats obtenus en matière de développement d'une manière transparente et franche

La DGD et la CTB travaillent de manière stratégique et étroite avec les acteurs non gouvernementaux belges afin de sensibiliser l'opinion publique aux questions de développement. Les membres du CAD pourraient tirer profit de l'expérience de la Belgique. Toutefois, il est peu probable que la Belgique tienne les engagements auxquels elle a souscrit en matière de transparence. La DGD doit veiller à se doter des moyens nécessaires à l'utilisation et à l'analyse des informations accessibles par le biais de la nouvelle base de données sur l'aide, ce qui contribuera à une plus grande transparence des résultats.

La traduction dans la pratique du fort attachement à la transparence et à la reddition de comptes est une tâche difficile

Comme convenu à Busan, la DGD a pris plusieurs initiatives pour accroître la transparence et publier en temps voulu des informations détaillées et prévisionnelles. Par exemple, en 2011 elle a lancé le portail ouvert du gouvernement ODA.be. et fixé un calendrier pour la publication des données selon la norme de l'IATI à échéance de 2014. Cependant, la Belgique est encore loin d'avoir atteint ces objectifs et risque de manquer la date butoir de décembre 2015[11]. Elle n'a obtenu que la note « très médiocre » concernant l'indice de transparence de l'aide de 2014 (Aid Transparency Index, 2014). Depuis, la Belgique a publié pour une première fois des données selon le format IATI. Ses engagements à l'égard de la transparence l'ont néanmoins encouragée à publier davantage d'informations.

Par ailleurs, la base de données en ligne ne contient pas d'informations courantes sur les programmes, les projets ou les dépenses d'APD, problème à la résolution duquel la DGD est en train de s'atteler. De plus, même si La DGD a investi des ressources dans la conception d'une nouvelle base de données, un seul agent gère toutes les questions liées aux statistiques et à la notification. À l'avenir, les difficultés à surmonter résideront dans la maintenance d'une base de données de grande qualité, la recherche de ressources nécessaires à l'analyse des données et l'utilisation des informations sur les résultats aux fins de la gestion des programmes et de la reddition de comptes au Parlement et au public.

La DGD et la CTB ne communiquent pas suffisamment sur les résultats et les risques de la coopération au développement

Communiquer sur la contribution de la Belgique aux résultats sur le plan du développement est une priorité pour la DGD. Celle-ci a élaboré des stratégies de communication et d'éducation au développement solides et fondées sur des données d'observation. La DGD dispose par ailleurs d'un budget relativement important pour ces activités. Néanmoins, la communication des résultats et des risques demeure fragile. Par exemple, les rapports annuels destinés au Parlement et au public – principal outil de communication sur les résultats – reposent essentiellement sur les témoignages des attachés de la coopération au développement ou des exécutants des projets. Ils font peu référence aux évaluations, aux problèmes et aux défis, ou aux résultats enregistrés grâce au soutien des organisations non gouvernementales et des organisations multilatérales (SPF AE, 2014 : 39).

L'équipe de la CTB chargée de la communication travaille en étroite coopération avec l'équipe chargée du suivi et de l'évaluation et les agents basés dans les pays partenaires afin de réunir des informations sur les résultats susceptibles d'être communiquées au public. Néanmoins, la CTB admet qu'il conviendrait d'améliorer la communication sur les résultats qu'elle obtient.

L'approche de la Belgique en matière de sensibilisation du public révèle de bonnes pratiques

L'approche de la Belgique en matière de sensibilisation de l'opinion publique aux enjeux de développement, inscrite dans l'article 7 de la loi de 2013, se caractérise par plusieurs points forts et bonnes pratiques. Par exemple :

- Les stratégies d'éducation au développement et de communication diffèrent mais partagent un même objectif, celui de renforcer le soutien du public. Pour favoriser les synergies, le service de la communication de la DGD, l'unité chargée de l'éducation au développement et l'unité centrale du ministère des Affaires étrangères chargée de la communication, se concertent régulièrement pour coordonner leurs actions.
- Étant donné que les organisations de la société civile, la CTB, les écoles et les communautés flamande et francophone jouent un rôle central dans la mise en œuvre de la stratégie d'éducation au développement, le processus consultatif suivi par la DGD pour sa préparation est son principal atout.
- En collaboration avec les ONG, la Belgique est en train d'élaborer des critères et des indicateurs de mesure d'impact de l'éducation au développement (encadré 6.1). Être en mesure de présenter des résultats accroît la transparence de l'APD consacrée aux actions de sensibilisation de l'opinion publique. En 2014, les activités d'éducation au développement et de communication ont disposé d'un budget annuel de 30 millions EUR[12].

Encadré 6.1 Les stratégies pour sensibiliser le public belge sont basées sur les faits

Conformément aux 12 leçons du CAD sur la nécessité d'associer l'opinion publique, la Belgique donne la priorité à la collecte de données sur ce qui est efficace ou non dans les domaines de la communication et de l'éducation au développement. Par exemple, la DGD a financé une étude multidisciplinaire visant à cerner l'opinion de la population à l'égard de la coopération au développement et du degré de soutien qu'elle lui apporte (PULSE, 2012). Les résultats de cette étude ont été pris en considération dans les nouvelles stratégies de la Direction-générale de la Coopération au développement en matière de communication et d'éducation au développement. Les projets et actions de sensibilisation ont été répertoriés par groupes-cibles, en comparant l'offre et la demande d'information. En 2012, la DGD a lancé une étude approfondie sur la mesure des effets des programmes d'éducation au développement dans le cadre du programme de recherche sur le soutien de l'opinion publique PULSE (http://www.pulse-oplatform.com/publicaties/4538978316).

L'évaluation à moyen terme en 2013 du programme *Annoncer la couleur* (http://www.annoncerlacouleur.be) a dressé un état des lieux sur la mise en œuvre et l'état d'avancement du programme et tiré des enseignements, notamment dans le secteur de l'éducation. Le programme a été revu suite aux recommandations de l'évaluation.

Source: OCDE (2014), *Associer l'opinion publique. Douze leçons tirées des examens par les pairs réalisés par le CAD et des travaux du Réseau des responsables de la communication du CAD.* Peeters, B et al. (2013), Évaluation à mi-parcours, Annoncer la couleur – Kleur Bekennen, South Research CVBA-VSO, Kessel.

Notes

1. La loi relative à la coopération au développement impose que les résultats de la coopération belge soient évalués et qu'une approche cohérente soit élaborée en vue de notifier les résultats et d'adopter la gestion axée sur les résultats. Le plan de management de la DGD rappelle que l'administration souhaite mettre l'accent sur les résultats obtenus sur le terrain « en vue de faire ressortir le lien entre les moyens dépensés et les résultats engrangés » et fait de la gestion orientée sur les résultats un de ces sept objectifs pour la période 2013-19.

2. La dernière génération de contrats de gestion entre la DGD et ses opérateurs inclut l'obligation de suivi et d'évaluation des résultats. Le quatrième contrat de gestion entre l'État et la CTB introduit une obligation de moyens pour l'atteinte des objectifs spécifiques de l'intervention en sus d'une obligation de résultats qui porte sur les réalisations (délivrance de services et de produits).

3. La politique d'évaluation du service de l'Évaluation spéciale de la Coopération belge au développement souligne que les évaluations seront axées vers l'analyse des résultats.

4. À ce niveau, les situations de référence et matrices de résultats définies pour chaque intervention servent de base au dialogue avec le partenaire, afin de formuler les objectifs en termes quantifiables, d'assurer le suivi des résultats et de faciliter la prise de décision. L'utilisation de la situation de référence en lien avec une matrice de résultat a été conceptualisée par la CTB en 2012 et mis en œuvre en 2013.

5. Elles sont conduites dans ce cas par les opérateurs de la coopération et sont qualifiées d'évaluations internes, ou revues au sein de la CTB.

6. Ces évaluations font références aux exercices conduits par le Service de l'Évaluation spéciale. On parle dans ce cas d'évaluations externes.

7. Suite à la dernière revue par les pairs, le service de l'Évaluation spéciale et les services d'évaluation de la DGD ont fusionné.

8 A l'exception des rares évaluations-pays realisées conjointement avec d'autres donneurs.

9. Une étude réalisée par le Groupe de recherche en appui à la politique par la DGD et la CUD en 2013 (GRAP, 2013) est parvenue à des conclusions analogues : « la majorité des réponses managériales restent relativement vagues et peu opérationnelles ».

10. Par exemple, elle met en commun des ressources dans le cadre d'équipes trans-directions (certaines organisées par pays comme le Mali et le Niger) qui comprennent des experts extérieurs et des personnes travaillant sur le terrain.

11. Des précisions sur le classement sont disponibles à l'adresse suivante : http://ati.publishwhatyoufund.org/donor/belgium/.

12. Le budget est ventilé de la façon suivante : 21 millions EUR pour les activités d'éducation au développement menées par les ONG, 3 millions EUR pour les activités de communication interne et 3 millions EUR pour le programme Annoncer la couleur: http://www.annoncerlacouleur.be/.

Bibliographie

Sources gouvernementales

BIO (2014), *Outline of a Development Results Framework for BIO,* non publié.

CTB (non daté), *Guide d'Utilisation du Tableau de Bord Monitoring Opérationnel*, non publié.

CTB (2015a), *Fiches Descriptives des Indicateurs Clés de Performance Repris dans le Plan d'Entreprise 2015*, non publié.

CTB (2015b), *Plan d'Action Pays 2015 Rwanda,* non publié.

CTB (2015c), *Plan d'Entreprise 2015,* non publié.

CTB (2014)*, stratégie Learning & development*, CTB, Bruxelles. non publié.

CTB (2013a), « *More Results* », *Directives Générales en Matière de Monitoring et de Revue des Résultats, Partie I, II et III,* non publié.

CTB (2013b), *Rapport d'Appréciation Bolivie, Programme Indicatif de Coopération 2008 – 2011*, non publié.

CTB (2012), *Note d'Appréciation du Programme de Coopération Bilatérale entre la Belgique et le Bénin, Document Interne Préparatoire à la Commission Mixte de Novembre 2012,* non publié.

DGD (2015), *Résultats de développement – Note stratégique*, Bruxelles, non publié.

DGD (2014), *Plan de Management 2013-2019*, Bruxelles, non publié.

DGD (2013), *Communication – Note de Stratégie*, Royaume de Belgique, Bruxelles.

DGD (2012*), Éducation au développement – Note de Stratégie*, Royaume de Belgique, Bruxelles.

Royaume de Belgique (2014a), *Arrêté royal portant assentiment au premier contrat de gestion entre l'État belge et la société anonyme de droit public « Société belge d'investissement pour les Pays en Développement », 2 avril 2014*, Moniteur Belge, Royaume de Belgique, Bruxelles.

Royaume de Belgique (2014b), *Arrêté royal portant assentiment au quatrième contrat de gestion entre l'État belge et la société anonyme de droit public à finalité sociale « Coopération Technique Belge», 2 avril 2014*, Moniteur Belge, Bruxelles.

Royaume de Belgique (2013*), Loi relative à la Coopération au Développement*, 19 mars 2013, Moniteur Belge, Bruxelles.

SES (2014a), *Évaluation de Terrain des Investissements de la Société belge d'Investissement pour les Pays en Développement (BIO)*, SPF AE, Service de l'Évaluation spéciale de la Coopération belge au développement, Bruxelles. Disponible à : http://diplomatie.belgium.be/fr/politique/cooperation_au_developpement/evaluation/.

SES (2014b), *Rapport de l'Évaluateur spécial de la Coopération belge au développement. Rapport sur les exercices 2012 et* 2013, Royaume de Belgique, Bruxelles. Disponible à : http://diplomatie.belgium.be/fr/binaries/Rapport_SES_2012-13_tcm313-263695.pdf.

SES (2014c), « *Tirer des enseignements de l'expérience passée et rendre compte des résultats* », *Politique d'Évaluation, Service de l'Évaluation Spéciale de la Coopération Belge au Développement,* SPF AE, Bruxelles.

SES (2013), *Évaluer l'impact, la quête du Graal ? – Évaluation ex post de l'impact de quatre projets de coopération gouvernementale – Rapport de synthèse*, SPF AE, Bruxelles.

SES (2012a), *Évaluation du Rapportage des Résultats de la Direction Générale de la Coopération au Développement (DGD),* Royaume de Belgique, Bruxelles.

SES (2012b), *Coming to Terms with Reality, Evaluation of the Belgian Debt Relief Policy (2000-2009),* SPF AE, Bruxelles.

SPF AE (2014), *Examen par les pairs de la Belgique 2015 – Mémorandum*, Document présenté à l'occasion de l'examen de l'aide belge par les pairs du CAD de l'OCDE, Service Public Fédéral, Affaires étrangères, Commerce extérieur et Coopération au développement, Bruxelles

SPF, PO (2013), *Stratégie de communication interne de la DG Coopération au Développement et Aide Humanitaire. Rapport final*, Service Public Fédéral, Personnel et Organisation, Bruxelles.

Autres sources

Aid transparency index, 2014 : http://ati.publishwhatyoufund.org/

CE (2014), *Opinion des Citoyens avant l'Année Européenne pour le Développement, Eurobarometre 82.1*, Résultat pour la Belgique, Commission Européenne, Bruxelles.

GRAP – Groupe de Recherche en Appui à la Politique par la DGD et la CUD (2013), *La pratique évaluative dans la coopération belge : constats et perspectives*, Policy Brief # 13, université de Liège, Liège. Disponible à : http://orbi.ulg.ac.be/bitstream/2268/163420/1/policy_brief_13_Evaluation.pdf.

OCDE (2014), *Associer l'opinion publique. Douze leçons tirées des examens par les pairs réalisés par le CAD*, OCDE, Paris.

Peeters, B et al. (2013), *Évaluation à mi-parcours, Annoncer la couleur – Kleur Bekennen, South Research CVBA-VSO, Kessel.*

Chapitre 7 : Aide humanitaire de la Belgique

Cadre stratégique

Indicateur : Des stratégies et des directives politiques claires concernent la résilience, la réaction et le redressement

Ces quatre dernières années, la Belgique a fait d'énormes progrès dans son approche stratégique de l'aide humanitaire. Elle a modernisé ses cadres juridique, stratégique et budgétaire pour se doter de dispositifs propres à assurer un financement prévisible et de qualité dans des domaines où son action peut apporter une forte valeur ajoutée. Le nouveau cadre permet une programmation globale dont le champ s'est élargi à des domaines comme le relèvement et la réduction des risques. La Belgique doit maintenant déterminer comment tirer parti de ces possibilités nouvelles et, dans cette optique, comment inscrire des éléments de risque dans les stratégies-pays des partenaires du développement. Le budget disponible est suffisant pour répondre à ses objectifs humanitaires même si, en application des mesures générales d'austérité, il doit baisser de 25 % au cours des cinq prochaines années. Son versement a posé des problèmes dans le passé, en raison principalement de procédures administratives qui ne relèvent pas de la DGD, d'où de la sous-utilisation des fonds. La Belgique doit prendre des mesures pour éviter qu'une telle situation se reproduise.

La Belgique dispose d'un cadre pour l'action humanitaire modernisé, axé sur des domaines dans lesquels elle peut apporter une forte valeur ajoutée

La Belgique a sensiblement modernisé et amélioré les cadres juridique, stratégique et budgétaire de son aide humanitaire, afin d'accroître sa prévisibilité et sa flexibilité. Elle a mis l'accent sur les domaines dans lesquels elle peut apporter une forte valeur ajoutée. Le système administratif du pays et la dynamique qui marque le contexte politique nécessitent des instruments juridiques très normatifs. Le nouvel arrêté royal énonce par conséquent avec précision ce qui peut et ne peut pas être fait, mais il a été libellé de façon à autoriser une certaine flexibilité et à conférer à la programmation une portée globale (Belgique, 2014). L'arrêté reconnaît également les bonnes pratiques admises au niveau international, en particulier les Principes et bonnes pratiques pour l'aide humanitaire (2003) et le principe consistant à « ne pas nuire »[1]. Le budget de 2015 reprend ces éléments afin d'en assurer la mise en œuvre (SPF AE, 2015). Les ONG belges ont été consultées pendant le processus de définition de la politique à suivre dans ce domaine, conformément aux bonnes pratiques.

Les règles de financement permettent une programmation plus globale en faveur du relèvement socioéconomique

Il a été recommandé, lors de l'examen par les pairs de 2010, que la Belgique renforce les liens entre l'aide humanitaire et le développement (OCDE, 2010). Le nouvel arrêté royal autorise l'utilisation du financement humanitaire pour des activités qui se rapportent, par exemple, à la réhabilitation et au relèvement socioéconomique, ce qui élargit sensiblement le champ de la programmation en matière humanitaire et constitue une bonne pratique. Les partenaires confirment que le financement belge permet maintenant de suivre une démarche plus globale. L'arrêté est bien entendu très récent. La Belgique est encouragée à s'assurer que les bonnes intentions inscrites dans ce texte sont pleinement concrétisées.

La réflexion sur une approche stratégique de la réduction des risques est en cours

Le nouveau cadre humanitaire reconnaît aussi l'importance de la réduction des risques et permet le financement de ce domaine d'action. Certains projets autonomes sont axés sur la préparation aux catastrophes, notamment en Amérique latine. Cependant, la Belgique continue de réfléchir aux moyens de mettre en place une approche systématique de la réduction des risques. L'incorporation d'éléments de risque dans les stratégies-pays des partenaires pourrait constituer une première étape utile.

La Belgique est un donneur de taille moyenne, dont le budget va diminuer

La Belgique affecte 10 % environ de son budget total d'APD à l'aide humanitaire et a versé 169.3 millions USD en 2013, ce qui la place parmi les 15 premiers donneurs du CAD-OCDE[2]. Cependant, les mesures de consolidation bugétaire entraîneront une réduction du budget global au cours des quatre années à venir (chapitre 3), ce qui influera sur le volume des fonds disponibles pour les programmes humanitaires. La baisse de 25 % prévue du budget humanitaire le fera passer de 150 millions EUR en 2015 à 120 millions EUR en 2019 (SPF AE, 2015). En outre, les fonds d'APD non dépensés en fin d'année ne sont plus réattribués à l'aide humanitaire.

Le versement du budget humanitaire s'est réalisé avec difficulté en 2014 car le nouvel arrêté royal n'a été mis en application qu'au milieu de l'année, de sorte que la plus grande partie des décisions de financement ont dû être prises au titre de l'arrêté de 1996, beaucoup plus restrictif. De plus, la clôture administrative de fin d'année a été prononcée plus tôt que prévu, si bien que 50 millions EUR du budget 2014 de l'aide humanitaire, non dépensés, sont retournés dans les caisses de l'État. La Belgique doit s'assurer que les futurs plans d'affectation de crédits à l'aide humanitaire tiennent compte de ces aléas, en avançant peut-être leur versement dans l'année, ou en signant des accords avec des partenaires qui permettent un déboursement rapide si des restrictions d'ordre administratif sont de nouveau imposées.

Efficacité de la conception des programmes

Indicateur : Les programmes ciblent les risques qui menacent le plus la vie humaine et les moyens de subsistance

Le programme humanitaire présente désormais une orientation stratégique claire, qui se rattache aux priorités stratégiques générales de la Belgique. Cependant, la répartition effective des fonds – inscrits au budget et donc affectés de façon définitive pour quatre ans – privilégie très largement les budgets de base des organisations multilatérales et les fonds communs. Cette répartition met de fait l'accent sur certains partenariats plutôt que sur des crises et des thèmes particuliers. Il s'agit d'une stratégie intéressante car elle assure aux partenaires une excellente prévisibilité, atténue le risque de politisation de la prise de décision et offre un moyen efficace d'effectuer les versements, qui prend en compte les effectifs limités du personnel humanitaire. Elle permet aussi à la Belgique de confier aux partenaires la responsabilité de l'intervention rapide, ce qui est judicieux eu égard à la complexité (et donc à la lenteur) de ses procédures administratives.

L'orientation stratégique claire met l'accent sur les destinataires plutôt que sur la finalité et la destination du financement

La Belgique avait été invitée, lors de l'examen de 2010, à définir une niche stratégique pour son aide humanitaire sur la base de son avantage comparatif, ce qui a été fait. Le nouvel arrêté donne la priorité au Sahel, à la région des Grands Lacs et à la Cisjordanie et Bande de Gaza. Il s'agit d'un bon choix compte tenu du rapport évident entre ces régions et les priorités stratégiques globales de la Belgique (chapitre 2). L'objet de l'aide apportée face à ces crises repose sur les priorités définies sur le terrain, certains secteurs étant plus particulièrement visés[3]. Le choix des partenaires est fondé sur des critères de qualité rigoureux[4]. Toutefois, dans la pratique, la Belgique ne dispose pas d'une grande marge de manœuvre pour cibler son financement, la plus grande partie du budget (52 % en 2015, portée à 67 % en 2019) étant déjà affectée à des contributions pluriannuelles aux ressources générales des partenaires et à des fonds communs, dont un seul – destiné à la République démocratique du Congo – vise spécifiquement la zone géographique définie dans l'arrêté. La décision d'affecter l'aide de cette façon est conforme aux bonnes pratiques car elle la rend prévisible pour les partenaires et isole le programme de toute influence politique. De fait, il en découle que la Belgique privilégie certains partenariats plutôt que des crises particulières (graphique 7.1).

Le financement de mécanismes d'intervention rapide facilite l'action précoce

La Belgique est consciente de la complexité et de la lourdeur de ses procédures administratives qui l'empêchent de réagir rapidement à des alertes précoces. C'est pourquoi elle affecte des fonds à des mécanismes communs d'intervention rapide, sur lesquels elle compte pour prendre sans délai les décisions de financement attendues. Par exemple, la Belgique prévoit d'affecter 1 million EUR par an au Fonds de secours d'urgence en cas de catastrophe (DREF) du Mouvement international de la Croix-Rouge, et 15 millions EUR par an au Fonds central d'intervention d'urgence (CERF) du système des Nations Unies.

Les partenaires sont encouragés à faire participer les bénéficiaires

Pour les donneurs qui ne sont pas présents sur le terrain, il est difficile d'associer les populations touchées au cycle du programme. Comme d'autres, la Belgique encourage ses partenaires à s'informer auprès des populations en vérifiant cet aspect lors du processus d'évaluation du programme et en complétant cette démarche par un financement souple pour s'assurer que les commentaires formulés seront bien pris en compte.

Graphique 7.1 Versements prévus au titre du budget humanitaire de la Belgique 2015 et 2019

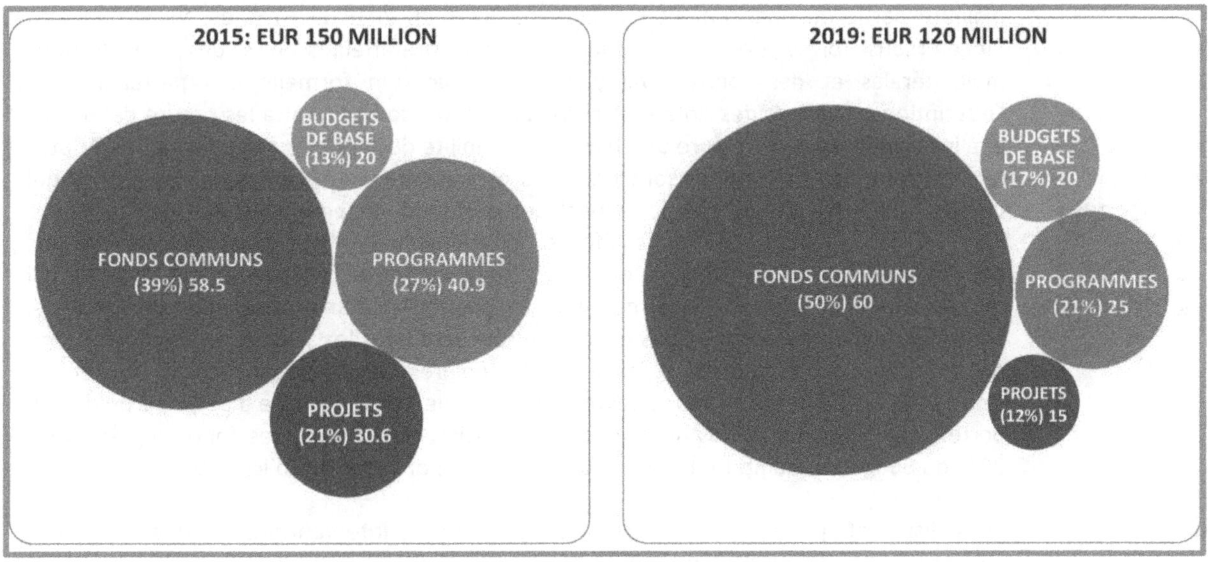

Source : SPF AE (2015), *Budget général des dépenses* 2015, Bruxelles.

Efficacité de l'acheminement, des partenariats et des instruments

Indicateur : Les modalités d'acheminement de l'aide et les partenariats aident à fournir une aide de qualité

De nouveaux outils viennent appuyer la mise en œuvre du nouveau cadre stratégique. À l'avenir, la plus grande partie des fonds de la Belgique sera constituée de dons pluriannuels non pré-affectés vers des partenaires multilatéraux et des fonds communs, notamment pour les interventions rapides. Cette démarche, apportant à la fois prévisibilité et flexibilité au système multilatéral, s'avère propice à l'instauration de partenariats de qualité avec les organisations multilatérales. En revanche, il n'existe pas encore de relations de qualité similaire avec les ONG, qui ont été consultées sur l'approche stratégique d'ensemble mais ne sont plus associées au dialogue sur la stratégie ou la programmation, et ne disposent pas d'indications claires sur la marche à suivre pour demander des fonds. La Belgique pourrait revoir sa stratégie de coopération avec les ONG. En outre, elle prévoit de porter les investissements dans des mécanismes de financement communs de 39 % du budget (2015) à 50 % (2019). Elle devra peut-être réfléchir à la manière d'aborder ce type d'investissement – en s'engageant davantage dans les dispositifs de gouvernance des fonds communs – si elle veut être certaine d'apporter une valeur ajoutée à cette partie de son portefeuille d'activités.

Les nouveaux outils favorisent la mise en place de partenariats et un financement de qualité pour les situations d'urgence qui se prolongent

Lors de l'examen de 2010, la Belgique a été invitée à élargir la gamme des dépenses autorisées. Grâce à son nouveau cadre, elle a dépassé cette recommandation puisque la majeure partie du financement humanitaire (52 % en 2015 et 67 % en 2019) doit être dirigée sous forme de dons pluriannuels non pré-affectés vers des organisations multilatérales et des fonds communs[5]. La désignation formelle des partenaires et l'inscription au budget des dotations correspondantes contribuent à les rendre définitives et à les protéger, ce qui assure une bonne prévisibilité des apports aux partenaires. Toutes les décisions de financement sont prises au premier trimestre de chaque année, ce qui devrait permettre d'améliorer le respect des délais de versement, source de problèmes dans un passé récent. Les fonds affectés à la ligne budgétaire consacrée aux projets peuvent être disponibles 18 mois, ce qui assure la continuité du financement, et l'éventail des dépenses autorisées est large, d'où la possibilité d'une programmation globale. Toutefois, la Belgique ne joue pas encore de rôle actif dans les structures de gouvernance des fonds communs comptant parmi ses partenaires, quand ces structures existent. Il serait utile qu'elle le fasse pour pouvoir apporter une valeur ajoutée à cette partie de son portefeuille humanitaire, d'autant que les investissements dans ces fonds représentent 39 % du budget humanitaire total de 2015 et seront portés à 50 % d'ici à 2019.

L'utilisation de fonds communs pour les interventions rapides permet de contourner des procédures administratives trop lentes

Trois dispositifs principaux permettent de soutenir les interventions rapides face à des crises nouvelles ou qui s'intensifient :

- soutien de fonds communs d'intervention rapide ;
- financement de projets présentés par des partenaires agréés ;
- B-FAST, mécanisme de protection civile[6].

La lenteur des procédures administratives et la complexité de la procédure d'approbation ont conduit la Belgique à préférer les fonds communs, qui peuvent intervenir plus rapidement. Le financement de projets était difficile jusqu'à une date récente, car il relevait de l'arrêté royal de 1996, très restrictif. En 2014, par exemple, un seul don, de 3 millions EUR, a pu être mené à terme. La Belgique prépare de nouvelles orientations à l'intention des ONG qui cherchent à obtenir des fonds pour leurs projets, et doit être encouragée à achever rapidement ces travaux[7].

Les partenariats avec les organisations multilatérales sont de qualité, ce qui n'est pas encore le cas avec les ONG

À l'issue de l'examen de 2010, la Belgique a été invitée à réduire la charge administrative pesant sur ses partenaires. Dans le cas des partenaires et fonds multilatéraux, cette recommandation se concrétise et la mise en place prévue d'un financement pluriannuel à leur attention sera bienvenue. La Belgique joue un rôle actif au sein des conseils d'administration des organismes multilatéraux et des groupes de soutien mis en place par les donneurs, en apportant des informations sur les activités de terrain et en appelant l'attention sur les questions stratégiques essentielles. Mais elle n'est pas encore présente dans les conseils d'administration des fonds communs. En revanche, la collaboration avec les ONG offre un tableau moins positif, principalement en raison du manque de clarté du contenu du dialogue entre les partenaires et le ministère, ainsi que des procédures à suivre pour demander des fonds, ce qui rend la relation très imprévisible. La Belgique pourrait maintenant examiner quand et comment coopérer avec les ONG, sur le plan stratégique comme sur le plan opérationnel (financement).

La Belgique est active dans la coordination des donneurs

La Belgique participe activement à des groupes de coordination des donneurs comme le Groupe de travail COHAFA de l'UE[8] et l'initiative sur les Principes et bonnes pratiques pour l'aide humanitaire, dont elle dirige les travaux sur les indicateurs. Elle entretient aussi avec ECHO, le service d'aide humanitaire de la Commission européenne, des relations informelles régulières, facilitées par le fait que les deux donneurs ont leurs services centraux dans la même ville.

Adéquation de l'organisation au but recherché

Indicateur : Les systèmes, les structures, les processus et les individus conjuguent leur action avec efficacité et efficience

L'équipe humanitaire est utilement associée aux travaux des mécanismes interministériels chargés de s'occuper des crises qui se prolongent et des situations d'urgence. Cette participation lui permet d'influer sur l'ensemble de la politique et des actions menées par la Belgique. Elle a aussi contribué à mieux faire connaître les principes humanitaires dans les différents ministères. Les effectifs ont été réduits, mais l'équipe estime être toujours en mesure de gérer le portefeuille humanitaire avec efficacité, surtout depuis que l'accent est mis sur les grands partenariats stratégiques, et non plus sur les dons de faible importance. Néanmoins la charge de travail reste lourde. Il lui reste peu de temps pour mener une réflexion stratégique ou contribuer aux débats thématiques qui peuvent se dérouler au niveau mondial.

Les mécanismes interministériels informels sont fort utiles pour traiter les situations de crise

L'équipe humanitaire prend part à des mécanismes de coordination interministériels qui s'occupent de situations et de problèmes particuliers, dont les crises en cours en Syrie et au Mali/Niger (chapitre 4 et 5) ou l'épidémie de fièvre Ébola. Selon la nature de la crise, ces mécanismes peuvent inclure des agents des ministères de l'Intérieur, de la Santé, de la Défense et autres. Le personnel humanitaire a indiqué que ces mécanismes, bien qu'informels, lui permettaient d'assurer la prise en compte des considérations humanitaires dans la politique et les actions de la Belgique, et contribuaient aussi à améliorer la connaissance des principes humanitaires dans l'ensemble de l'administration.

Les relations entre civils et militaires sont absentes

En Belgique, il n'existe pas de politique concernant les relations entre civils et militaires ni de structure officielle dans ce domaine. Aucune question n'a cependant été soulevée à propos de la coordination entre civils et militaires au cours du présent examen.

Le personnel a été réduit et manque de temps pour traiter des questions stratégiques et thématiques

Les effectifs du personnel humanitaire ont été réduits depuis le dernier examen par les pairs, ce qui s'est inscrit dans le cadre des compressions de personnel qui ont touché l'ensemble de la DGD (chapitre 4). Sa tâche reste néanmoins gérable, d'autant que le programme est désormais centré sur un nombre restreint de partenariats stratégiques, et non plus sur des dons de faible importance, imposant une forte charge administrative. Néanmoins, le personnel signale qu'il dispose de moins de temps pour travailler sur des questions thématiques comme le Sommet humanitaire mondial prévu prochainement et les questions soulevées à l'UE. Les nouveaux agents de terrain reçoivent une formation sur les principes humanitaires, ce qui les aide à considérer ces questions comme un aspect ordinaire de leur travail et leur permet d'obtenir une contribution utile du terrain, comme l'approbation des projets ou les réunions du conseil d'administration des organismes multilatéraux.

Résultats, apprentissage et reddition de comptes

Indicateur : Les résultats sont mesurés et communiqués, et des enseignements en sont tirés

Le précédent examen par les pairs demandait à la Belgique d'accorder davantage de place au suivi des résultats – de ses activités en tant que donneur et de celles de ses partenaires – qu'aux vérifications préalables à l'approbation des dons. À cet égard, la situation a progressé en raison du plan de management. Mais les modalités d'évaluation de ses progrès ou résultats ne sont pas encore complètement claires. Dans le cas des dons aux ONG, l'accent est mis sur le risque fiduciaire, qui prend largement le pas sur les résultats et l'apprentissage.

Les résultats attendus sont décrits dans le plan opérationnel de la DGD

Il avait été demandé à la Belgique, lors de l'examen de 2010, de se doter d'un cadre fondé sur les résultats pour assurer le suivi de ses performances en tant que donneur. En application de cette recommandation, la DGD a inscrit des objectifs humanitaires spécifiques dans son plan opérationnel (chapitre 4).

Le suivi des résultats a pris davantage d'importance mais l'accent reste mis sur le risque fiduciaire

Il avait également été recommandé à la Belgique de porter son attention sur le suivi des résultats de ses partenaires, plutôt que de consacrer du temps aux vérifications préalables aux décisions de financement. Dans le cas des contributions aux fonds communs et aux ressources générales des organisations multilatérales, la Belgique accepte les rapports descriptifs et financiers types. Pour ce qui est des contributions au titre de programmes pré-affectés à des thèmes particuliers par exemple, des rapports distincts sont exigés, y compris de la part des organisations multilatérales. À cet égard, les obligations qui pèsent sur les ONG sont beaucoup plus lourdes, puisqu'elles doivent produire des rapports d'étape et des rapports finaux, ainsi que des rapports d'audit externe sur chaque projet. Cette situation semble indiquer que la Belgique continue d'accorder plus d'importance à la maîtrise du risque fiduciaire, en particulier dans le cas du soutien aux ONG, qu'aux résultats obtenus.

La communication et le financement de la recherche peuvent être améliorés

Il existe une page internet qui présente des données factuelles de base sur le programme humanitaire de la Belgique. Mais les informations qu'elle présente sont limitées aux documents d'orientation et ne rendent pas compte des résultats obtenus[9]. Sans doute peut-on parler d'une occasion manquée. Le nouveau cadre instauré par la Belgique permet de financer la recherche. Cet effort pourrait permettre d'approfondir les connaissances dans des domaines d'importance stratégique pour la Belgique, et doit être encouragé.

Notes

1. D'autres informations sur cette notion à l'adresse : http://cdacollaborative.org/programs/do-no-harm/.
2. Source : Système de notification des pays créanciers de l'OCDE, prix courants.
3. La sécurité alimentaire, la nutrition et l'agriculture, ainsi que la protection (en particulier des enfants), la santé, la logistique et la préparation aux catastrophes sont explicitement mentionnées dans les différents documents qui composent le cadre humanitaire de la Belgique.
4. Les ONG partenaires doivent être agréées soit par l'UE au titre de la procédure de contrat-cadre de partenariat d'ECHO (service d'aide humanitaire de la Commission) (voir http://dgecho-partners-helpdesk.eu/partnership/start), soit par certification au titre de la norme du Humanitarian Accountability Partnership (voir www.hapinternational.org/what-we-do/certification.aspx). Les Nations Unies et d'autres partenaires multilatéraux doivent être membres ou observateurs du Comité permanent inter-organisations (voir www.humanitarianinfo.org/iasc/).
5. La Belgique prévoit des engagements triennaux (avec des tranches annuelles égales) à l'égard de ses partenaires multilatéraux et des engagements biennaux à l'égard des fonds communs choisis.
6. Plus d'informations sur B-FAST : http://b-fast.be/fr/content/historique.
7. Un Vademecum a été discuté avec les ONGs et est en voie d'approbation.
8. Plus d'information sur le Groupe de travail du Conseil sur l'aide humanitaire et l'aide alimentaire : http://ec.europa.eu/echo/fr/partnerships/relations/member-states-cohafa.
9. Plus d'information disponible sur : http://diplomatie.belgium.be/fr/politique/cooperation_au_developpement/nos_activites/themes/aide_humanitaire/.

Bibliographie

Sources gouvernementales

Royaume de Belgique (2014), *Arrêté royal relatif à l'aide humanitaire*, 19 avril 2014, Moniteur Belge,Royaume de Belgique, Bruxelles.

SPF AE (2015), *Budget général des dépenses 2015*, Service Public Fédéral, Affaires étrangères, Commerce extérieur et Coopération au développement Bruxelles.

Autres sources

Good Humanitarian Donorship (2003), The Principles and Good Practice of Humanitarian Donorship, declaration signed in Stockholm, https://www.worldhumanitariansummit.org/file/434472/download/473124.

OCDE (2010), *Examens de l'OCDE sur la coopération pour le développement : Belgique 2010*, Éditions OCDE, Paris, http://www.oecd.org/fr/cad/examens-pairs/Belgique%20FR%20CRC.pdf.

Annexe A : Progrès réalisés dans la mise en œuvre des recommandations de l'examen par les pairs de 2010

Le développement au-delà de l'aide

Recommandation formulée en 2010	Progrès accomplis depuis 2010
La Belgique est invitée à élaborer une déclaration de principe sur la cohérence des politiques au service du développement et à promouvoir une meilleure compréhension de cette notion au sein des entités gouvernementales et du grand public ; déterminer le cadre institutionnel et les outils pour utiliser de façon cohérente tous les moyens d'action au service du développement, assurer un suivi, et rapporter sur le sujet.	**Recommandation mise en œuvre**

Orientations stratégiques

Recommandations formulées en 2010	Progrès accomplis depuis 2010
La Belgique devrait impérativement (a) élaborer une vision collective de la coopération au développement à travers un dialogue associant tous les acteurs publics intervenant dans la mise en œuvre de l'APD belge ; (b) une stratégie à moyen terme devrait traduire cette vision en priorités opérationnelles et stratégiques pour la programmation de la coopération au développement.	**Recommandation mise en œuvre**
La Belgique devrait veiller à ce que les stratégies sectorielles et transversales soient actualisées, maximisent les synergies entre les divers acteurs impliqués dans l'acheminement de l'aide belge, s'inspirent des bonnes pratiques opérationnelles et soient orientées vers l'atteinte de résultats.	**Recommandation mise en œuvre**
La Belgique est encouragée à définir une approche pangouvernementale pour l'engagement de la Belgique dans les situations de fragilité, qui tienne compte des bonnes pratiques, crée un lien entre les efforts de promotion de la paix et de la sécurité, et ceux visant le renforcement de l'État et la réduction de la pauvreté. La Belgique devrait faire en sorte que cette position se traduise en actes.	**Recommandation partiellement mise en œuvre** (une approche pangouvernementale n'a pas été définie)

Volume de l'aide, canaux et allocations

Recommandations formulées en 2010	Progrès accomplis depuis 2010
La Belgique devrait définir un plan budgétaire à moyen terme afin de garantir les ressources d'APD supplémentaires nécessaires au maintien de son rapport APD/RNB à 0.7 % au-delà de 2010.	**Recommandation non mise en œuvre**
La Belgique devrait anticiper les difficultés de mise en œuvre de la coopération bilatérale et des plans de dépenses dans les contextes fragiles en mettant en place une programmation financière flexible et en élaborant des stratégies de gestion des risques.	**Recommandation partiellement mise en œuvre** (il est possible de mettre en place une programmation financière plus flexible)

Organisation et gestion

Recommandations formulées en 2010	Progrès accomplis depuis 2010
La Belgique devrait veiller à ce que la mission de chacune des entités qui met en œuvre le programme d'aide de sa coopération au développement soit claire, tout autant que leurs relations. Elle devrait préciser la répartition des tâches entre la cellule stratégique du ministre de la Coopération au développement et le service Appui à la politique de la DGD et leurs responsabilités respectives en matière d'élaboration de la politique de coopération au développement.	**Recommandation mise en œuvre**
La Belgique devrait définir une politique de ressources humaines qui permette à la DGD de jouer son rôle de pilotage stratégique, en (1) facilitant la mobilité entre le siège et le terrain, (2) intégrant dans ses futurs plans de personnel des profils de spécialistes, (3) autorisant le recours aux compétences des partenaires au développement, et en (4) instaurant une grille de salaire fondée sur la compétence pour le personnel recruté à l'échelon local.	**Recommandation non mise en œuvre**
La Belgique devrait déléguer davantage de pouvoirs aux attachés de coopération et donner suite à son intention de décentraliser le processus d'élaboration des nouveaux programmes indicatifs de coopération.	**Recommandation partiellement mise en œuvre**

Modalités d'acheminement et partenariats

Recommandations formulées en 2010	Progrès accomplis depuis 2010
La Belgique devrait revoir le processus d'approbation des projets et programmes en vue de le rendre plus efficient, et évaluer la portée développementale des multiples petits programmes.	**Recommandation mise en œuvre**
La Belgique devrait élaborer un cadre stratégique qui unifierait la démarche adoptée par la DGD et la CTB à l'égard du soutien au renforcement des capacités dans les pays partenaires.	**Recommandation partiellement mise en œuvre** (il n'y a pas de cadre stratégique partagé par la DGD et la CTB mais la DGD et la CTB ont revu leur approche en matière de coopération technique et d'analyse des systèmes nationaux)
La Belgique est invitée à renforcer la capacité d'analyse et de formulation de propositions de politique sectorielle dans le domaine du développement rural et de la sécurité alimentaire, à veiller à coordonner les instruments d'appui au développement agricole et à les mettre en synergie sur le terrain.	**Recommandation non examinée**

Gestion axée sur les résultats et reddition de comptes

Recommandations formulées en 2010	Progrès accomplis depuis 2010
La Belgique est encouragée à améliorer ses systèmes pour la gestion axée sur les résultats et à mieux exploiter les enseignements de l'expérience pour la conception des nouvelles activités à l'appui du développement.	**Recommandation partiellement mise en œuvre** (la stratégie DGD sur les résultats n'est pas encore approuvée, par conséquent le travail de mise en œuvre de la recommandation est en cours)
La Belgique devrait prendre en compte les enseignements dégagés des évaluations dans l'élaboration des politiques et favoriser l'instauration d'une culture de l'évaluation.	**Recommandation mise en œuvre**

Aide humanitaire

Recommandations formulées en 2010	Progrès accomplis depuis 2010
La Belgique devrait donner suite aux recommandations de l'Évaluation de l'aide humanitaire 2008, en élargissant notamment les catégories de dépenses éligibles, en privilégiant un suivi fondé sur les résultats et en réduisant les charges administratives imposées aux partenaires.	**Recommandation mise en œuvre**
La révision proposée de l'arrêté royal de 1996 fournit à la Belgique l'occasion de définir une niche stratégique pour l'aide humanitaire belge, à partir d'un avantage comparatif bien établi.	**Recommandation mise en œuvre**
La Belgique est invitée à renforcer le lien entre les efforts de l'assistance humanitaire et de la coopération au développement et à améliorer la coordination quotidienne et stratégique entre les différents instruments d'aide humanitaire.	**Recommandation mise en œuvre**

Graphique A.1 Mise en œuvre des recommandations formulées lors de l'examen par les pairs de 2010

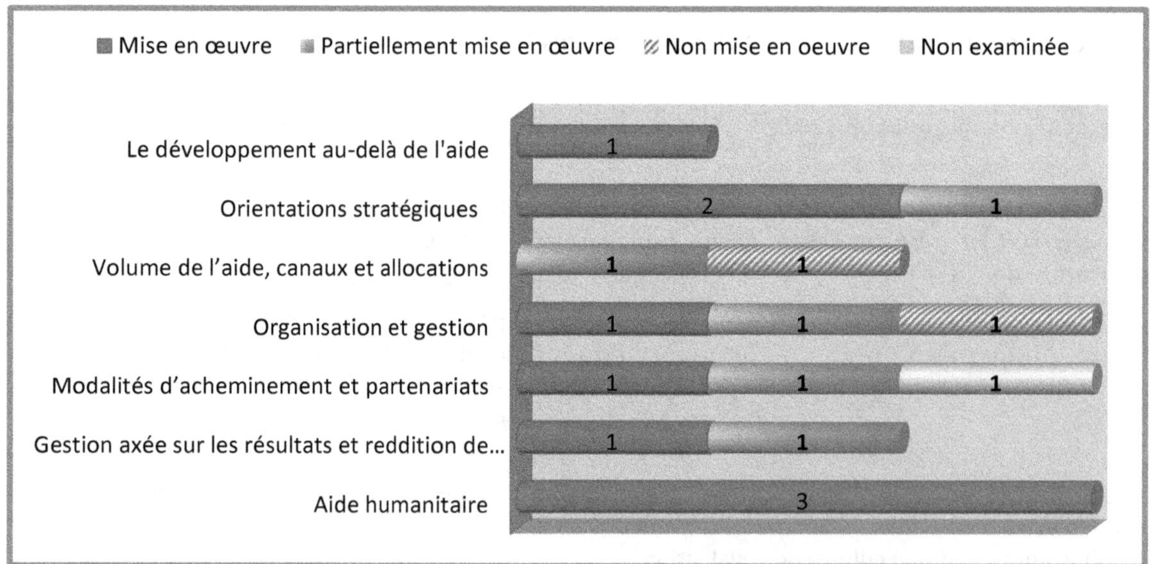

Annexe B : OCDE/CAD : Liste type de tableaux

Tableau B.1 Apports financiers totaux

Millions USD aux prix et taux de change courants

						Versements nets	
Belgique	**1999-2003**	**2004-2008**	**2009**	**2010**	**2011**	**2012**	**2013**
Apports totaux du secteur public	**1 271**	**1 861**	**2 700**	**2 989**	**2 793**	**2 370**	**2 376**
Aide publique au développement	**1 074**	**1 948**	**2 610**	**3 004**	**2 807**	**2 315**	**2 300**
Bilatérale	719	1 236	1 585	2 051	1 739	1 433	1 307
Multilatérale	355	712	1 025	953	1 068	882	992
Autres apports du secteur public	**197**	**- 87**	**90**	**- 15**	**- 15**	**55**	**76**
Bilatéraux	197	- 87	90	- 15	- 15	55	76
Multilatéraux	-	-	-	-	-	-	-
Dons des ONG	**107**	**277**	**377**	**377**	**519**	**-**	**664**
Apports du secteur privé aux conditions du mar	**756**	**1 364**	**147**	**4 530**	**-2 126**	**333**	**7 178**
Bilatéraux : dont	756	1 364	147	4 530	-2 126	333	7 178
Investissements directs	560	1 578	3	4 790	-2 134	-	6 397
Crédits à l'exportation	- 356	- 214	144	- 259	8	333	780
Multilatéraux	-	-	-	-	-	-	-
Apports totaux	**2 134**	**3 502**	**3 224**	**7 896**	**1 185**	**2 703**	**10 218**
pour référence :							
APD aux prix et taux de change constants de	*1 707*	*2 136*	*2 557*	*3 033*	*2 646*	*2 315*	*2 192*
APD en pourcentage du RNB	*0.42*	*0.47*	*0.55*	*0.64*	*0.54*	*0.47*	*0.45*
Apports totaux en pourcentage du RNB (a)	*0.84*	*0.84*	*0.68*	*1.68*	*0.23*	*0.55*	*2.01*
APD aux ONG et acheminée par le canal des ONG							
- En millions de USD	97	210	303	322	354	300	322
- En pourcentage des versements nets	9	11	12	11	13	13	14
- Moyenne du CAD en pourcentage des versa	*8*	*8*	*7*	*8*	*9*	*13*	*13*

a. Aux pays susceptibles de bénéficier d'une APD.

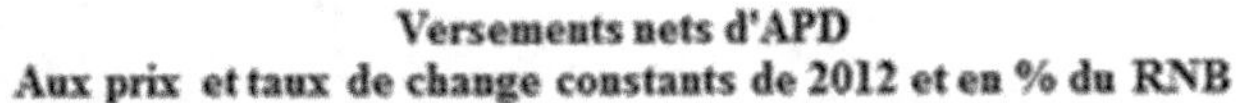

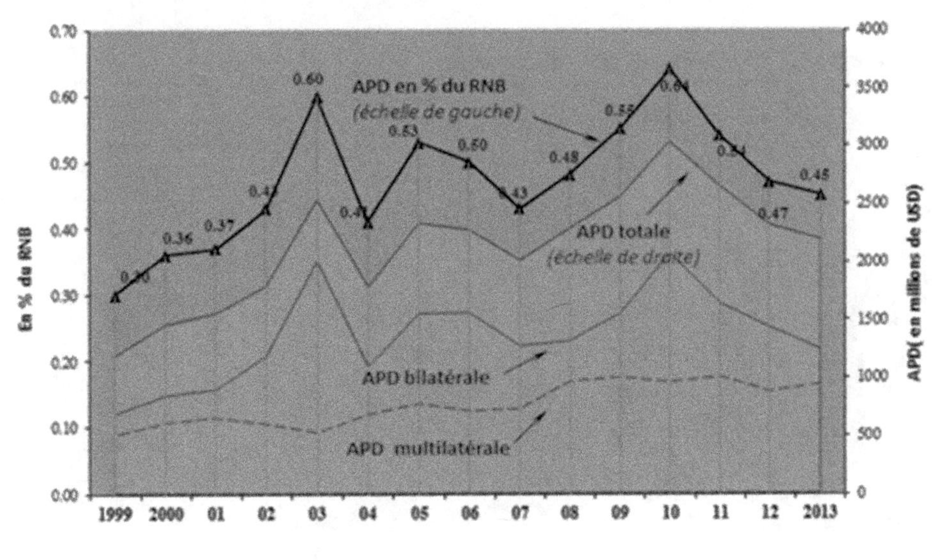

Tableau B.2 APD par grandes catégories

Versements

Belgique	Millions de USD constants de 2012					Part en pourcentage des versements bruts					Ensemble du CAD
	2009	2010	2011	2012	2013	2009	2010	2011	2012	2013	2013%
APD bilatérale brute	**1 630**	**2 119**	**1 838**	**1 477**	**1 300**	**62**	**69**	**65**	**63**	**58**	**73**
Soutien budgétaire	-	64	30	32	36	-	2	1	1	2	4
dont: Soutien budgétaire général	0	12	-	-	-	0	0	-	-	-	2
Soutien bilatéral de caractère général aux organisations, programmes et financements groupés	-	455	462	290	379	-	15	16	12	17	13
dont: Soutien général aux ONG nationales	176	187	194	186	191	7	6	7	8	9	1
Soutien général aux ONG internationales	1	3	3	16	14	0	0	0	1	1	1
Soutien de caractère général aux PPP	1	153	154	2	27	0	5	5	0	1	0
Interventions de type projet	-	626	619	453	490	-	20	22	19	22	39
dont: Projets d'investissement	343	151	135	98	106	13	5	5	4	5	12
Experts et autres formes d'assistance technique	-	115	114	102	38	-	4	4	4	2	4
Bourses et autres frais d'étude dans les pays donneurs	-	90	93	92	91	-	3	3	4	4	2
dont: Coûts imputés des étudiants	44	46	49	51	54	2	2	2	2	2	1
Dons pour allégement de la dette	107	561	292	278	17	4	18	10	12	1	4
Frais administratifs	93	93	94	91	89	4	3	3	4	4	4
Autres dépenses dans le pays donneur	107	115	133	139	161	4	4	5	6	7	3
dont: aide aux réfugiés dans le pays donneur	90	96	120	126	149						
APD multilatérale brute	**1 004**	**962**	**1 007**	**882**	**946**	**38**	**31**	**35**	**37**	**42**	**27**
Organismes des Nations unies	138	148	159	145	140	5	5	6	6	6	4
Institutions de l'UE	579	551	494	450	472	22	18	17	19	21	8
Groupe de la Banque mondiale	153	153	177	189	187	6	5	6	8	8	6
Banques régionales de développement	64	39	85	9	56	2	1	3	0	2	3
Autres	69	71	91	88	90	3	2	3	4	4	5
Total des versements bruts d'APD	**2 634**	**3 081**	**2 845**	**2 359**	**2 246**	**100**	**100**	**100**	**100**	**100**	**100**
Remboursements et annulations de dette	**- 77**	**- 48**	**- 199**	**- 44**	**- 55**						
Total des versements nets d'APD	**2 557**	**3 033**	**2 646**	**2 315**	**2 192**						
Pour référence :											
Coopération technique pure	*501*	*679*	*484*	*336*	*489*						
Allègement de dette nette	*107*	*561*	*292*	*278*	*17*						

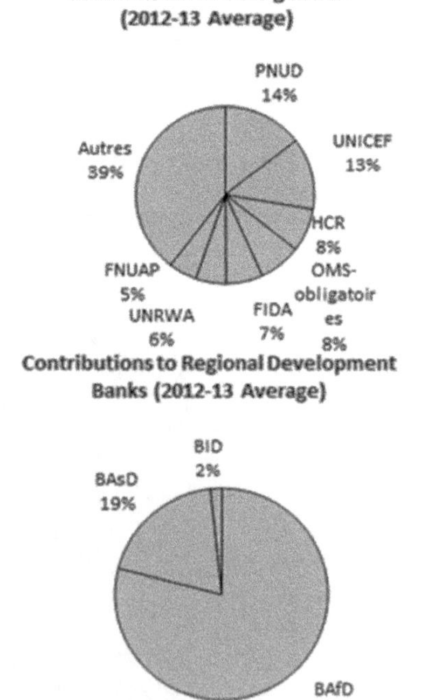

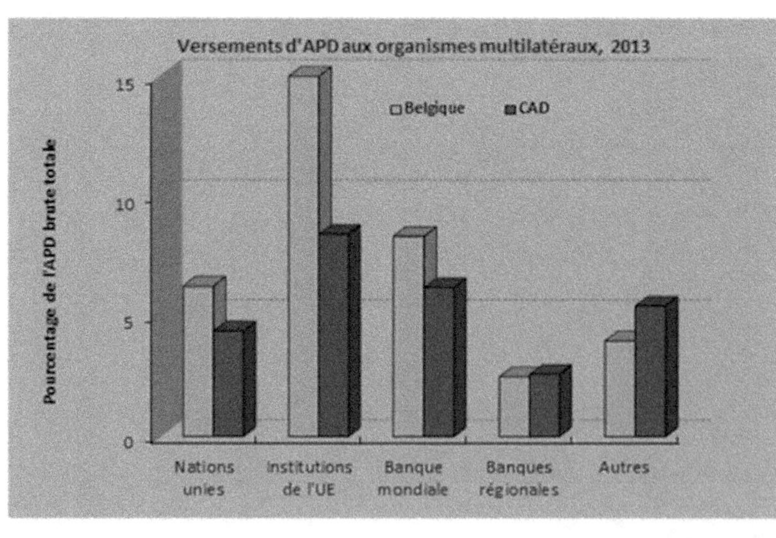

Tableau B.3 Versements bruts de l'APD bilatérale désagrégée par région et groupe de revenu

Versements bruts

Belgique	Millions de USD constants de 2012					Part en pourcentage					Ensemble du CAD
	2009	2010	2011	2012	2013	2009	2010	2011	2012	2013	2013%
Afrique	792	1 239	953	788	569	76	84	81	79	74	40
Afrique subsaharienne	744	1 195	895	755	540	72	81	76	76	70	34
Afrique du Nord	38	37	49	29	25	4	2	4	3	3	4
Asie	102	87	87	76	67	10	6	7	8	9	37
Asie du Sud et Asie centrale	42	42	40	27	18	4	3	3	3	2	24
Extrême-Orient	57	42	43	46	46	5	3	4	5	6	12
Amérique	109	114	101	91	85	11	8	9	9	11	9
Amérique du Nord et Amérique centrale	35	48	35	28	26	3	3	3	3	3	4
Amérique du Sud	73	66	66	62	58	7	4	6	6	8	4
Moyen-Orient	31	30	34	37	44	3	2	3	4	6	9
Océanie	-	-	0	-	-	-	-	0	-	-	2
Europe	2	2	4	2	1	0	0	0	0	0	3
Versements bilatéraux ventilables par région	1 037	1 472	1 180	994	767	100	100	100	100	100	100
Pays les moins avancés	611	1 101	849	449	481	63	77	75	47	66	45
Autres pays à faible revenu	35	10	22	9	19	4	1	2	1	3	4
Pays à revenu intermédiaire											
(tranche inférieure)	217	233	163	421	141	22	16	14	44	19	35
(tranche supérieure)	112	93	93	82	85	11	6	8	9	12	16
Pays en développement plus avancés	0	0	-	-	-	0	0	-	-	-	-
Versements bilatéraux ventilables par groupe de revenu	976	1 438	1 127	961	727	100	100	100	100	100	100
Pour référence :											
Total des versements bruts bilatéraux	1 601	2 119	1 838	1 477	1 301	*100*	*100*	*100*	*100*	*100*	*100*
dont : APD non affectée par région	*563*	*647*	*658*	*483*	*534*	*35*	*31*	*36*	*33*	*41*	*25*
dont : APD non affectée par groupe de revenu	625	682	712	516	574	*39*	*32*	*39*	*35*	*44*	*31*

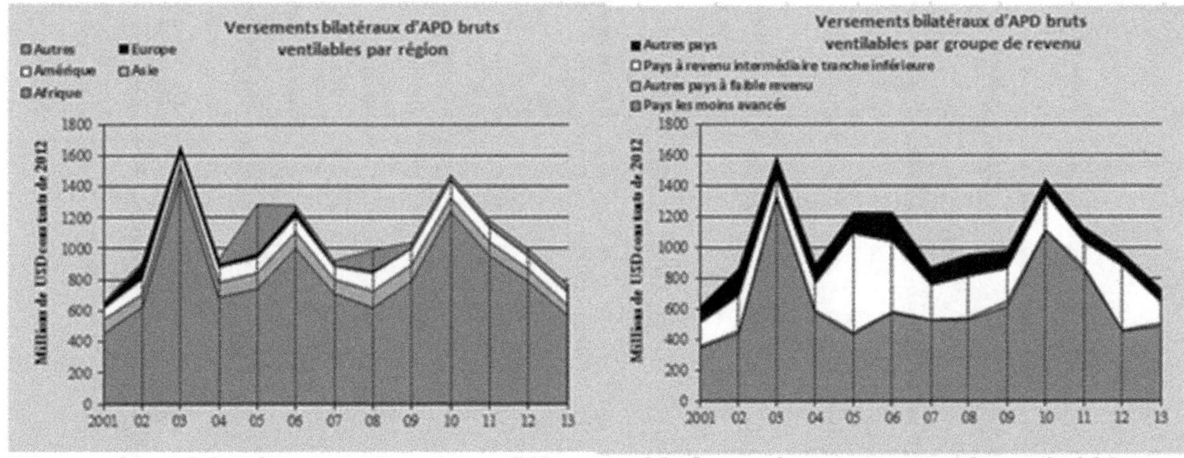

1. Les totaux régionaux incluent des montants qui ne sont pas ventilables par sous-région. La somme des montants aux sous-régions peut être inferieure aux totaux régionaux.

Tableau B.4 Principaux bénéficiaires de l'APD bilatérale

Versements bruts, moyennes bisannuelles

Belgique	2002-2006 Millions de USD courants	Millions de USD 2012	Pour cent	Memo: Moyenne CAD
République démocratique du Congo	297	385	25	
Nigéria	68	80	6	
Iraq	51	60	4	
Cameroun	32	41	3	
Tanzanie	25	37	2	
5 principaux bénéficiaires	**473**	**603**	**39**	**50**
Rwanda	25	32	2	
Burundi	23	30	2	
Afrique du Sud	16	21	1	
Serbie	16	24	1	
Equateur	16	20	1	
10 principaux bénéficiaires	**569**	**730**	**47**	**68**
Burkina Faso	16	21	1	
Viet Nam	15	20	1	
Sénégal	15	19	1	
Bolivie	14	19	1	
Côte d'Ivoire	14	21	1	
15 principaux bénéficiaires	**643**	**829**	**53**	**76**
Bénin	12	16	1	
Pérou	12	15	1	
Maroc	12	15	1	
Niger	12	15	1	
Cisjordanie et bande de Gaza	11	14	1	
20 principaux bénéficiaires	**702**	**905**	**58**	**80**
Total (122 bénéficiaires)	900	1 157	75	
Aide non affectée	307	398	25	5
Total des versements bilatéraux bruts	**1 207**	**1 555**	**100**	**100**

	2007-11 Millions de USD courants	Millions de USD 2012	Pour cent	Memo: Moyenne CAD
République démocratique du Congo	310	306	18	
Rwanda	68	66	4	
Burundi	52	51	3	
Togo	32	31	2	
Mozambique	28	27	2	
5 principaux bénéficiaires	**490**	**482**	**29**	**37**
Cisjordanie et bande de Gaza	25	25	1	
Niger	25	24	1	
Cameroun	25	25	1	
Bénin	24	24	1	
Viet Nam	24	23	1	
10 principaux bénéficiaires	**613**	**604**	**36**	**51**
Tanzanie	22	21	1	
Iraq	21	21	1	
Sénégal	21	21	1	
Pérou	21	21	1	
Maroc	21	21	1	
15 principaux bénéficiaires	**720**	**708**	**42**	**55**
Bolivie	20	20	1	
Mali	20	20	1	
Ouganda	19	19	1	
Afrique du Sud	17	17	1	
Ghana	17	16	1	
20 principaux bénéficiaires	**814**	**800**	**48**	**58**
Total (121 bénéficiaires)	1 090	1 072	64	
Aide non affectée	613	601	36	24
Total des versements bilatéraux bruts	**1 703**	**1 673**	**100**	**100**

	2012-13 Millions de USD courants	Millions de USD 2012	Pour cent	Memo: Moyenne CAD
République démocratique du Congo	138	135	10	
Côte d'Ivoire	138	138	10	
Burundi	61	60	4	
Rwanda	51	49	4	
Cisjordanie et bande de Gaza	33	33	2	
5 principaux bénéficiaires	**421**	**414**	**30**	**36**
Viet Nam	29	28	2	
Bénin	25	25	2	
Mali	23	23	2	
Niger	21	21	2	
Mozambique	21	21	2	
10 principaux bénéficiaires	**541**	**531**	**38**	**50**
Sénégal	21	20	1	
Tanzanie	19	19	1	
Afrique du Sud	19	18	1	
Ouganda	19	18	1	
Pérou	17	17	1	
15 principaux bénéficiaires	**636**	**624**	**45**	**57**
Equateur	16	16	1	
Maroc	16	16	1	
Bolivie	15	15	1	
Malawi	13	13	1	
Kenya	13	12	1	
20 principaux bénéficiaires	**709**	**695**	**50**	**61**
Total (103 bénéficiaires)	862	844	61	
Aide non affectée	559	545	39	28
Total des versements bilatéraux bruts	**1 421**	**1 389**	**100**	**100**

Tableau B.5 Ventilation de l'APD bilatérale par objet principal

aux prix et taux de change constants

Engagements - Moyennes bisannuelles

Belgique	2002-06		2007-11		2012-13		2012-13
	Millions de USD 2012	Pour cent	Millions de USD 2012	Pour cent	Millions de USD 2012	Pour cent	Total du CAD %
Infrastructures et services sociaux	**497**	**34**	**669**	**40**	**463**	**37**	**39**
Education	155	10	217	13	179	14	8
dont : Education de base	18	1	18	1	29	2	2
Santé	94	6	167	10	115	9	6
dont : Santé de base	57	4	83	5	52	4	4
Politique en matière de population/Santé et fertilité	25	2	18	1	12	1	7
Distribution d'eau et assainissement	38	3	65	4	28	2	5
Bon gouvernement et société civile	122	8	153	9	88	7	12
dont: Conflits, paix et sécurité	7	0	26	2	9	1	2
Autres infrastructures et services sociaux	63	4	49	3	41	3	2
Infrastructures et services économiques	**89**	**6**	**199**	**12**	**45**	**4**	**18**
Transport et entreposage	23	2	42	2	10	1	8
Communications	6	0	4	0	4	0	0
Energie	5	0	31	2	16	1	6
Banque et services financiers	53	4	120	7	13	1	2
Entreprises et autres services	2	0	3	0	1	0	1
Production	**82**	**6**	**171**	**10**	**120**	**9**	**7**
Agriculture, sylviculture et pêche	68	5	133	8	108	9	5
Industries manufacturières, extractives, construction	12	1	28	2	5	0	1
Commerce et tourisme	2	0	10	1	7	1	1
Destination plurisectorielle	**62**	**4**	**104**	**6**	**150**	**12**	**9**
Aide-programme et sous forme de produits	**28**	**2**	**13**	**1**	**0**	**0**	**4**
Aide se rapportant à la dette	**532**	**36**	**219**	**13**	**145**	**11**	**3**
Aide humanitaire	**68**	**5**	**121**	**7**	**118**	**9**	**9**
Frais administratifs des donneurs	**62**	**4**	**81**	**5**	**90**	**7**	**6**
Refugiés dans les pays donneurs	**63**	**4**	**96**	**6**	**137**	**11**	**4**
APD bilatérale ventilable	1 552	100	1 778	100	1 347	100	100
Pour référence :							
APD bilatérale	*1 552*	*71*	*1 778*	*64*	*1 347*	*55*	*74*
dont : non affectée	*70*	*3*	*105*	*4*	*79*	*3*	*1*
APD multilatérale	*645*	*29*	*983*	*36*	*1 093*	*45*	*26*
Total ODA	***2 197***	***100***	***2 762***	***100***	***2 440***	***100***	***100***

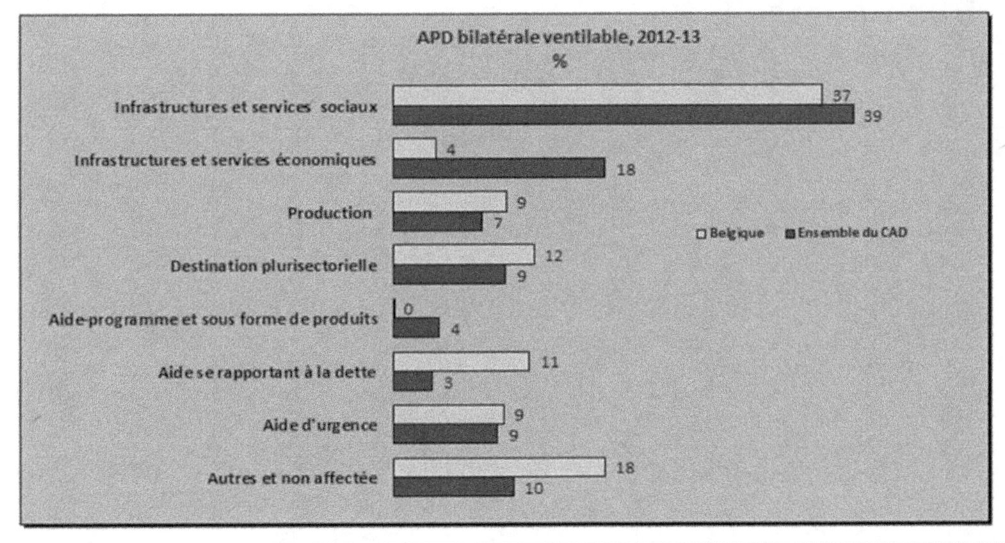

Tableau B.6 Panorama comparatif

Versements nets

	Aide publique au développement			Élément de libéralité de l'APD (engagements)	Part de l'aide multilatérale				APD (bilatérale et par le biais des organismes multilatéraux) aux PMA	
	2013 Millions de USD	% du RNB	Variation annuelle moyenne en termes réels (%) entre 2007-08 et 2012-13	2013 % (a)	2013 % de l'APD (b)	(c)	% du RNB (b)	(c)	2013 % de l'APD	% du RNB
Allemagne	14 228	0.38	0.9	86.9	33.6	15.2	0.13	0.06	23.7	0.09
Australie	4 846	0.33	6.0	99.9	14.0		0.05		27.6	0.09
Autriche	1 171	0.27	-8.6	100.0	53.6	28.1	0.15	0.08	29.2	0.08
Belgique	2 300	0.45	1.0	99.8	43.2	21.6	0.20	0.10	35.4	0.16
Canada	4 947	0.27	0.9	100.0	29.0		0.08		37.4	0.10
Corée	1 755	0.13	16.7	95.1	25.4		0.03		40.6	0.05
Danemark	2 927	0.85	0.2	100.0	26.8	17.9	0.23	0.15	31.6	0.27
Espagne	2 375	0.17	-17.2	100.0	60.2	16.7	0.10	0.03	18.9	0.03
États-Unis	30 879	0.18	3.5	100.0	14.6		0.03		33.1	0.06
Finlande	1 435	0.54	4.6	100.0	42.7	28.9	0.23	0.15	35.5	0.19
France	11 342	0.41	2.6	84.4	40.0	20.0	0.16	0.08	30.4	0.12
Grèce	239	0.10	-13.4	100.0	81.8	6.5	0.08	0.01	18.7	0.02
Irlande	846	0.46	-5.7	100.0	35.5	20.0	0.16	0.09	50.4	0.23
Islande	35	0.25	-5.2	100.0	15.8		0.04		46.0	0.12
Italie	3 407	0.17	-7.0	99.8	75.0	27.5	0.12	0.05	28.1	0.05
Japon	11 582	0.23	2.1	89.1	25.6		0.06		60.5	0.14
Luxembourg	429	1.00	-0.9	100.0	30.4	21.5	0.30	0.22	37.9	0.38
Norvège	5 581	1.07	2.9	100.0	22.7		0.24		27.6	0.30
Nouvelle-Zélande	457	0.26	1.6	100.0	23.3		0.06		32.4	0.09
Pays-Bas	5 435	0.67	-3.2	100.0	32.9	21.0	0.22	0.14	25.1	0.17
Pologne	472	0.10	5.7	..	74.4	6.1	0.07	0.01	26.5	0.03
Portugal	488	0.23	0.6	87.7	38.0	5.8	0.09	0.01	29.3	0.07
République tchèque	211	0.11	0.5	100.0	73.0	16.9	0.08	0.02	24.8	0.03
Répulique slovaque	86	0.09	0.1	100.0	81.2	12.1	0.08	0.01	24.4	0.02
Royaume-Uni	17 920	0.71	9.8	100.0	41.2	30.5	0.29	0.22	34.6	0.24
Slovénie	62	0.13	0.1	100.0	66.5	12.7	0.09	0.02	17.5	0.02
Suède	5 827	1.01	2.3	100.0	32.8	26.4	0.33	0.27	31.0	0.31
Suisse	3 197	0.47	6.1	100.0	21.6		0.10		25.9	0.12
Ensemble du CAD	134 481	0.30	2.0	95.1	30.4		0.09		33.3	0.10
Pour mémoire : Effort moyen par pays		0.39								

Notes :

a. Hors réaménagements de dettes.

b. Y compris l'aide transitant par les institutions de l'UE.

c. A l'exclusion de l'aide transitant par les institutions de l'UE.

.. Données non disponibles.

Graphique B.1 APD nette des pays du CAD en 2013

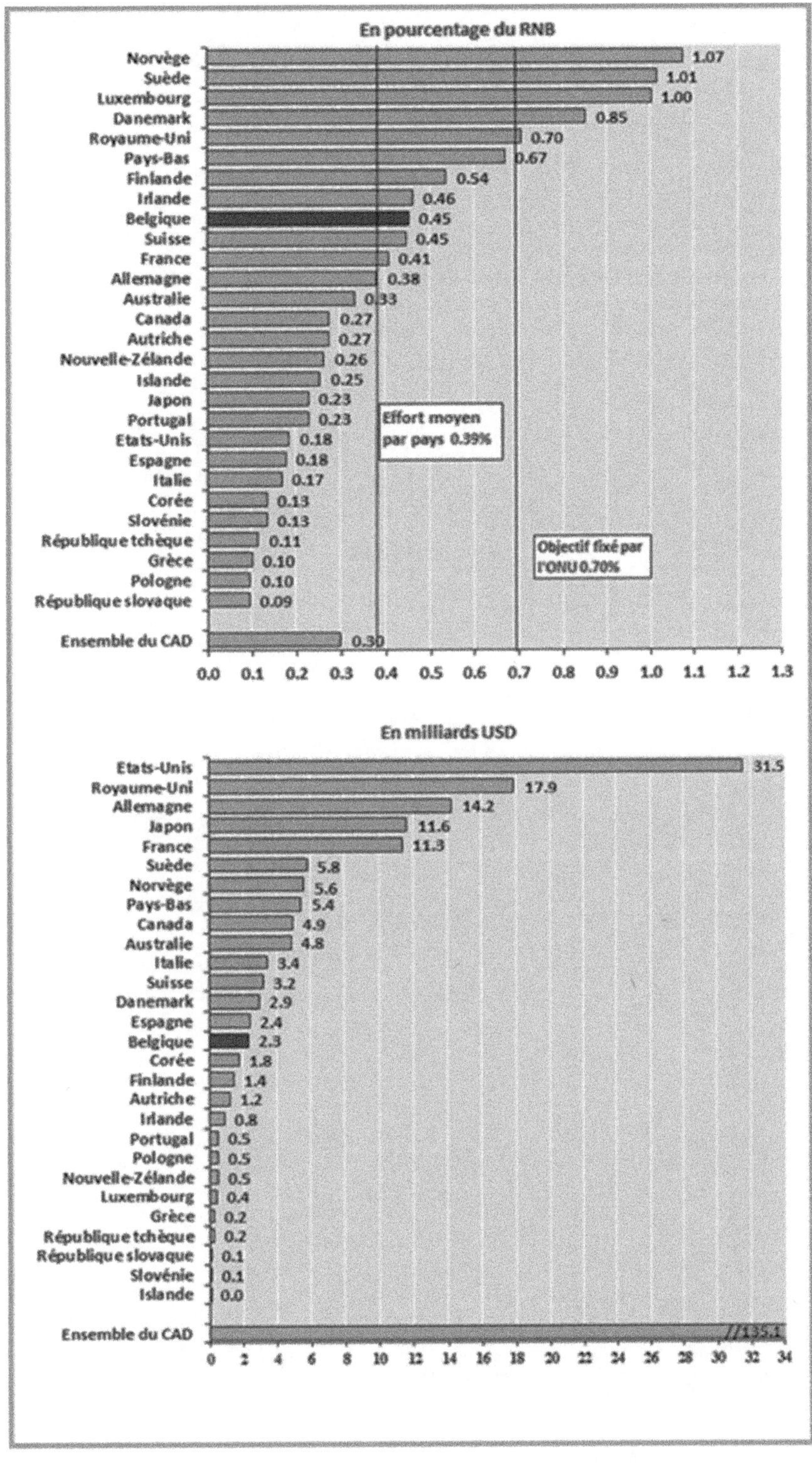

Annexe C : Visite sur le terrain au Rwanda

Dans le cadre de l'examen par les pairs de la Belgique, une équipe composée d'examinateurs de la Finlande et l'Italie et de membres du Secrétariat de l'OCDE s'est rendue au Rwanda fin janvier 2015. L'équipe a rencontré le ministre conseiller à la Coopération au développement à l'ambassade et le représentant résident de la CTB et leurs équipes, ainsi que des fonctionnaires rwandais du ministère de l'Économie et des Finances et de ministères fonctionnels, des parlementaires, d'autres partenaires bilatéraux et multilatéraux et des représentants d'organisations de la société civile belges et rwandaises.

Vers un effort global de développement de la Belgique

Rwanda : un partenaire-clé pour la Belgique

Le Rwanda a réalisé des progrès impressionnants sur la voie du développement depuis le génocide de 1994. S'il connaît un niveau encore très élevé de pauvreté multidimensionnelle[1], son indice de développement humain est passé de 0.291 à 0.506 entre 1980 et 2013, soit une progression annuelle moyenne d'environ 1.69 %. Aujourd'hui, ce pays consolide les gains déjà obtenus dans le domaine de la protection sociale et accélère sa croissance en vue d'accéder d'ici 2020 au statut de pays à revenu intermédiaire, tout en s'assurant que les avancées sont largement partagées. Le ralentissement récent de la croissance économique, en partie dû à la suspension des versements au titre du soutien budgétaire en 2012 (encadré C.1), souligne combien le pays est encore dépendant de l'aide extérieure pour financer les investissements publics stratégiques.

Depuis son indépendance en 1962, le Rwanda est l'un des principaux pays partenaires de la Belgique[2] du fait des liens historiques qui unissent les deux pays. La Belgique est reconnue comme un acteur majeur par la communauté du développement présente dans la région. Grâce à sa connaissance approfondie du pays et de la région des Grands Lacs, son engagement de longue date, sa présence au niveau local et national et sa participation au dialogue politique, la Belgique est en mesure de jouer un rôle important au Rwanda. Néanmoins, l'histoire commune complexifie les relations entre les deux pays.

La coordination est limitée entre les ambassades de la Belgique dans la région des Grands Lacs

L'intégration régionale est au centre des priorités des autorités rwandaises : la République démocratique du Congo et le Burundi comptent en effet pour 30 % des exportations totales du pays.

La Belgique déploie des efforts considérables au niveau des services centraux pour coordonner la politique du gouvernement en matière de diplomatie, de développement et de défense dans la région des Grands Lacs et l'ambassade au Rwanda apporte des éléments d'information utiles pour la coordination des services centraux concernant la région. Par exemple, l'ambassade est impliquée dans les activités menées au Rwanda au titre du projet de Trade Mark East Africa (en partie financé par la Belgique) même si les décisions en matière de financement sont prises par les services centraux. Etant donnée l'importance de ces enjeux régionaux et leurs impacts sur le Rwanda, une meilleure prise en compte de ces aspects renforcerait la coopération bilatérale. De plus, il y a peu de coordination et échange de données d'expérience entre les trois ambassades belges au Burundi, en République démocratique du Congo et au Rwanda.

La Belgique est en quête de moyens novateurs pour collaborer avec le secteur privé

Au Rwanda, la Belgique s'emploie à élaborer une approche qui dépasse la problématique de l'aide en utilisant l'APD comme levier pour développer le secteur privé local et attirer les entreprises belges. En dehors des prêts consentis par BIO aux entreprises locales, l'ambassade apporte son concours à l'organisation de missions économiques et commerciales afin de permettre aux investisseurs des deux pays de se rencontrer. L'ambassade s'efforce aussi d'adapter au contexte rwandais la stratégie belge relative au secteur privé local. Cependant, les efforts visant à faire de l'APD un catalyseur pourraient être compromis par le fait que le programme indicatif de coopération ne concerne que l'APD gouvernementale bilatérale. Les efforts actuels de coordination entre BIO, l'Ambassade et le siège, ainsi que l'évolution vers un « programme intégré » ont le potentiel de coordonner les différents instruments autour de cet objectif.

Politiques, stratégies et affectations d'aide de la Belgique

La Belgique répond aux priorités de développement du Rwanda

L'engagement de la Belgique au Rwanda est structuré par un programme indicatif de coopération (PIC) renouvelé tous les cinq ans. Le dernier en date, qui s'étend de 2011 à 2014, reflète la volonté de se concentrer sur quelques secteurs – de quatre à trois – et tient compte des choix du Rwanda en termes de division du travail entre les partenaires au développement. En effet, c'est le Rwanda qui choisit les secteurs dans lesquels chaque partenaire peut opérer. Dans ces secteurs, les interventions de la Belgique sont définies dans le cadre d'un dialogue entre le Ministère Auprès du Premier Ministre chargé de l'Economie et des Finances et les ministères fonctionnels, ce qui contribue à garantir qu'elle répondent aux besoins. La Belgique s'efforce aussi d'associer la population rwandaise aux débats sur ses priorités pour le développement afin d'assurer la viabilité des politiques.

Cependant, il conviendrait d'approfondir la réflexion – en consultation avec les acteurs compétents y compri la société civile – sur la façon dont la Belgique peut œuvrer dans un tel cadre pour soutenir une croissance économique inclusive et durable et des approches fondées sur les droits humains. En outre, l'intégration transversale du genre et de durabilité environnementale dans la coopération au développement se sont révélées être des tâches difficiles pour l'ambassade et la CTB. La prise en compte systématique des questions transversales ne semble pas être une priorité stratégique et peu de directives opérationnelles existent sur comment s'y prendre de manière pragmatique et efficace au niveau des projets.

Environ 40 % du budget national du Rwanda sont financés par l'APD

Le Rwanda est relativement dépendant de l'aide puisque l'APD contribuait à son revenu national brut à hauteur de 14.7 % en 2013. La part du budget national financée par l'APD a reculé, passant d'environ 80 % il y a une dizaine d'années à environ 40 % en 2013. En volume, le Rwanda a reçu plus d'un milliard USD en 2013, une augmentation après la forte diminution enregistrée en 2012 lorsque les partenaires au développement ont arrêté leurs opérations de soutien budgétaire général pour des raisons politiques. L'aide budgétaire général représentait 1.2 % du PIB ou 3.5 % du budget (AfDB, OCDE, UNDP, 2014).

Tableau C.1 APD nette destinée au Rwanda 2009-13 (millions USD)

	2009	2010	2011	2012	2013
Ensemble des donneurs	961	1069	1235	879	1075
Donneurs bilatéraux	538	571	582	425	565

Source : Statistiques du CAD

Encadré C.1 Le Rwanda : un bon exemple des principes de Busan en pratique

Le Rwanda est un pays en développement qui obtient de très bons résultats en matière de mise en œuvre des principes de l'efficacité de l'aide, notamment grâce au fort leadership exercé par son gouvernement. Son plan de développement national, clairement défini, est présenté de façon détaillée dans la stratégie de développement économique et de lutte contre la pauvreté[3]. Son système de gestion des finances publiques fonctionne bien. Sa plateforme de coordination des donneurs et de gestion de l'aide est bien structurée.

Le Rwanda connaît également un solide cadre pour la responsabilité mutuelle. En effet, sa dernière stratégie de développement, approuvée en 2013, s'accompagne d'une matrice de résultats et de politiques, d'un cadre commun d'évaluation des performances et d'un cadre d'évaluation des partenaires au développement qui aident le gouvernement à évaluer les performances et à organiser en conséquence la division du travail entre les donneurs. La retraite des partenaires au développement (*Development Partners Retreat*) – séminaire annuel de deux jours de haut niveau destiné à rassembler les acteurs du développement au Rwanda – offre une importante occasion d'examiner les progrès accomplis dans la mise en œuvre de la deuxième stratégie de développement économique et de lutte contre la pauvreté et des principales politiques sectorielles du Rwanda.

Les groupes de travail sectoriels, au nombre de 15 à l'heure actuelle, constituent un espace de coordination et de dialogue technique et stratégique entre le gouvernement et les partenaires de développement. Néanmoins, ces derniers regrettent le vide laissé par le Groupe d'harmonisation de l'aide budgétaire en terme de dialogue politique conjoint sur les questions d'économie et de gouvernance, ainsi que sur le cadre commun d'évaluation des performances. Désormais, le dialogue politique général est conduit en bilatéral, ce qui réduit les possibilités de coordination.

La Belgique pourrait renforcer les synergies entre ses partenaires en vue d'atteindre des objectifs communs

En 2012-13, la Belgique était le sixième donneur du pays et le troisième partenaire bilatéral, allouant au Rwanda 51 millions USD, soit 4.7 % de son APD totale nette[4].

Le programme indicatif de coopération de la Belgique pour 2011-14 est principalement axé sur les secteurs de la santé et de l'énergie (qui recevront chacun 55 millions EUR) et sur la décentralisation – une enveloppe de 28 millions EUR est prévue afin de soutenir le plan rwandais de mise en œuvre de la décentralisation. Il convient également de noter que, cinq grands projets ont toujours cours au titre du PIC précédent, notamment dans les secteurs de l'éducation et de l'agriculture, ce qui augmente le nombre de secteurs où la Belgique intervient.

La Belgique s'est dotée d'un ensemble d'instruments de l'aide qui peut être utilisé en fonction des besoins et des capacités de son partenaire. Au Rwanda, elle est l'un des rares donneurs encore actifs dans le domaine du soutien budgétaire sectoriel concernant la santé, l'éducation et la justice à travers la coopération déléguée. De plus, la Belgique fait appel à divers canaux et partenaires pour soutenir le développement du Rwanda, notamment BIO, des ONG belges et locales, des universités, des instituts de recherche, des banques régionales, etc. En consequence les efforts déployés par l'ambassade pour collaborer davantage avec BIO et le secteur privé local, engageraient à appliquer une approche « programme intégré », afin de mieux coordonner les différents partenaires et instruments et de les mobiliser autour d'objectifs communs.

Les procédures de programmation actuellement en vigueur nuisent à la capacité de la Belgique à faire face à l'évolution rapide des besoins

La CTB et le gouvernement partenaire ont été confrontés à des retards pouvant aller jusqu'à trois ans pour l'identification des projets ainsi que pour la signature des programmes ou projets. En septembre 2014, 12 % à peine du budget du PIC 2011-14 avait été dépensé. Ces retards s'expliquent à la fois par le contexte spécifique au Rwanda et les procédures de gestion du cycle des programmes. Concernant ces dernières, les principales difficultés auxquelles sont confrontées à la fois l'ambassade et la CTB sont les suivantes :

- durée d'élaboration trop longue, délai étendu entre les étapes de formulation et de mise en œuvre, et dossiers très détaillés concernant les questions techniques et financières (chapitre 5);
- procédures budgétaires rigides du PIC par projet en lieu et place d'une enveloppe globale.

Le quatrième contrat de gestion de la CTB remédie en partie à la première contrainte que représentent les procédures de programmation actuelles en associant davantage l'organisme depuis la phase d'identification, en permettant de recruter des agents de coopération technique et d'établir les données de base pour chaque projet à un stade plus précoce du processus. On ne sait pas très bien comment ces changements vont permettre d'améliorer la capacité de la Belgique à s'adapter à l'évolution de la situation, en particulier dans un pays où l'économie se développe à un rythme soutenu et où les besoins changent rapidement.

La Belgique est très attachée aux principes d'appropriation et d'alignement

La Belgique remplit son engagement en ce qui concerne l'efficacité de la coopération au développement, telle que définie à Busan. Outre qu'elle participe activement à des approches harmonisées – en 2013-14, la Belgique a alloué 9 millions EUR au soutien budgétaire dans le secteur de la santé –, elle respecte et encourage le rôle de premier plan que peuvent jouer les autorités et se conforme à la division du travail qu'elles décident. Par exemple, la Belgique assure la coprésidence de deux groupes de travail sectoriels ambitieux qui revêtent un haut degré de priorité pour le gouvernement. Par ailleurs, le recours à la cogestion garantit l'intégration des projets dans les ministères fonctionnels, même s'il y a toujours un risque que les investissements consacrés au renforcement des capacités des ministères soient déviés de leur destination originale une fois le projet achevé. L'évolution dans le sens d'une plus grande délégation aux acteurs nationaux de l'exécution des activités est un bon moyen de renforcer l'appropriation et de réduire les coûts de transaction.

Les services centraux de la DGD encouragent l'ambassade à jouer un rôle actif dans la coordination des donneurs, en assurant notamment la coprésidence de groupes de travail sectoriels. Si l'ambassade est fortement engagée dans les secteurs qu'elle coordonne et apporte une contribution significative, maintenir ces efforts dans la durée constitue un défi majeur. Cet engagement s'est traduit par une augmentation du budget pour la consultation multi-bailleurs en 2015. En outre, le personnel de l'ambassade possède peu de connaissances sectorielles spécialisées et compte beaucoup sur les experts et les assistants techniques de la CTB pour appuyer les dialogues sur les mesures à prendre et l'expertise disponible au siège. Le fonds d'études, outil pragmatique destiné à recueillir des données d'observation et à promouvoir une analyse commune entre la Belgique et son partenaire en vue d'améliorer la mise en œuvre des activités, reste limité.

La Belgique évalue les risques stratégiques et cherche à les atténuer

La Belgique consacre du temps et des moyens à l'identification, à l'évaluation et à la gestion des risques. Dans le cadre de la préparation d'un nouveau programme-pays, l'ambassade établit une note de base comprenant des chapitres sur les facteurs de fragilité, sur les risques, et notamment ceux que représente l'utilisation des systèmes nationaux dans le cadre des projets et programmes. L'ambassade est également chargée de rédiger une note-pays décrivant les institutions sociales, économiques et politiques du pays, évaluant la situation sur le plan de la sécurité et analysant les évolutions possibles. Au niveau des projets, la CTB identifie, évalue et gère les risques à l'aide d'un plan d'action clairement défini sur les moyens de les atténuer.

Une consultation plus systématique des OSC belges serait indiquée

L'ambassade rencontre régulièrement les ONG belges, ce qui est propice à un échange fructueux d'informations. Une approche plus formelle et plus systématique de la consultation des ONG pourrait aider à trouver des synergies. Les OSC se demandent si l'analyse conjointe prévue du contexte national représente bien l'outil qui permettrait de renforcer les complémentarités et les synergies entre les acteurs belges au Rwanda.

Organisation et gestion

L'efficacité de la coordination entre l'ambassade et la CTB assure une division stratégique du travail

La qualité de la collaboration et les contacts fréquents entre l'ambassade et la CTB au Rwanda assure une division stratégique du travail, permettant d'exploiter les synergies et de trouver des modalités de travail pragmatiques. Ensemble, les deux acteurs donnent l'image d'une coopération belge qui s'appuie sur la valeur ajoutée qu'ils apportent. En dehors de la coordination quotidienne au caractère informel, la CTB est invitée à participer aux réunions de coordination hebdomadaires de l'ambassade et fournit un appui technique et des informations de terrain qui alimenteront le dialogue sectoriel. En outre, des réunions trimestrielles sont organisées pour examiner la mise en œuvre des programmes de la CTB.

Les contacts fréquents aux fins de la coordination entre le siège de la CTB et la représentation rwandaise sont favorisés par les « équipes-pays » et les technologies modernes de communication ainsi que par le plan opérationnel de la CTB, qui traduit le plan d'activité de l'agence au niveau du pays. Des orientations détaillées sur la gestion de l'ensemble du cycle des projets donnent aux agents de la CTB des directives claires qui facilitent leur travail au quotidien. La communication entre l'ambassade, le siège et les autres ambassades de la Région semble moins développée.

À l'ambassade, les ressources humaines sont utilisées à leur maximum

Au Rwanda, la Belgique est dotée d'une équipe dynamique déterminée à atteindre les objectifs du programme et à capitaliser l'expertise locale. Cependant, elle a des difficultés à assurer une bonne adéquation entre les ressources humaines et les principales priorités, ce qui risque de compromettre sa capacité à atteindre les objectifs et à faire face aux impératifs du terrain.

À l'ambassade, les restrictions budgétaires représentent un obstacle à la formation du personnel local et limitent la possibilité de remplacer les agents en cas de congé de longue durée. Pour la CTB, un budget de 250 EUR par agent signifie que toutes les formations doivent être organisées au niveau local. Des budgets additionels sont toutefois mobilisables à partir du siège. La politique de recrutement de personnels locaux est bien définie dans la gestion des ressources humaines. Toutefois, il n'existe pas de vision claire de leur perfectionnement, ce qui pourrait affaiblir la capacité de la CTB à les retenir sur le long terme. À cet égard et compte tenu de l'importance que revêt la région des Grands

Lacs pour la Belgique, l'organisation de sessions de formation au niveau régional pourrait être une solution à la fois stratégique et efficace.

Partenariats, résultats et responsabilités

La Belgique : un partenaire dynamique et fort apprécié

La Belgique est considérée comme un acteur-clé, en position de jouer un rôle important au Rwanda. Son avantage comparatif tient à sa connaissance approfondie du pays et de la région des Grands Lacs, à son engagement de longue date et à sa présence aux niveaux local et national.

Pour les partenaires au sein de l'administration ainsi que pour les organisations bilatérales et multilatérales, la Belgique (ambassade et CTB) est un acteur ouvert, dynamique et pragmatique qui coopère de manière constructive. Dans ses secteurs de concentration, le membre collabore avec le gouvernement et les partenaires au développement aux niveaux politique et technique. Ses approches participatives et consultatives dans la définition des programmes et des projets sont appréciées.

La Belgique n'a pas de vision stratégique pour le renforcement des capacités

La Belgique s'investit fortement dans le renforcement des capacités au Rwanda. Une vision claire et un cadre stratégique bien défini aideraient la Belgique à faire avancer ces activités dans le cadre du Forum de coordination pour le renforcement des capacités dont elle assure la coprésidence. Un tel cadre pourrait aussi clarifier le rôle des assistants techniques belges pour la mise en place de capacités durables dans un environnement caractérisé par des capacités restreintes.

La gestion axée sur les résultats se fait au niveau des projets

La Belgique a élaboré une solide approche de gestion axée sur les résultats au niveau des interventions. Pour chaque projet mis en œuvre, la CTB conduit un dialogue constructif avec ses partenaires en matière de résultats, notamment les objectifs, la mesure et la performance. Toutefois, un cadre de suivi des résultats détaillé au niveau des produits (*outputs*) et non pas des effets (*outcomes*) risque de faire perdre de vue la contribution de la Belgique aux résultats en termes de développement du Rwanda.

Les recommandations formulées par les évaluations externes et internes des interventions sont prises en compte. Cependant comme le mécanisme de réalisation des évaluations externes est extrêmement structuré, il ne favorise ni la participation du pays partenaire ni ses efforts pilotés dans le domaine considéré. En associant plus le partenaire aux évaluations de projets et aux examens à mi-parcours, la Belgique pourrait renforcer la responsabilité mutuelle et consolider les capacités locales. Par ailleurs, on ne sait pas très bien comment les études stratégiques plus générales effectuées par les services centraux sont utilisées en tant qu'instruments de la gestion des connaissances.

Notes

1. En 2010, dernière année pour laquelle on dispose de données d'enquête pour évaluer les chiffres de l'indice de pauvreté multidimensionnelle (IPM) pour le Rwanda, 69 % de la population vivaient dans une situation de pauvreté multidimensionnelle et 19.4 % étaient confrontés à de multiples privations (http://hdr.undp.org/sites/all/themes/hdr_theme/country-notes/RWA.pdf).

2. En 2013, le Rwanda se situait au quatrième rang des principaux bénéficiaires de l'APD belge.

3 La deuxième stratégie, approuvée en 2013, est axée sur le développement du secteur privé, l'augmentation des exportations, l'urbanisation et le développement rural, la productivité de l'agriculture, la création d'emplois en particulier pour les jeunes, et l'amélioration de l'efficience dans la fourniture de services tant dans le secteur public que dans le secteur privé. (http://www.minecofin.gov.rw/fileadmin/General/EDPRS_2/EDPRS_2_FINAL1.pdf)

4. Données de l'OCDE disponibles : https://public.tableau.com/views/AidAtAGlance_Recipients/Recipients?:embed=n&:showTabs=y&:display_count=no?&:showVizHome=no#1.

Bibliographie

Government sources

CTB (2014), *Programme de Coopération avec le Rwanda, Rapport de Suivi 2014*, Coopération Technique Belge, non publié.

CTB (2013a), *Évaluation Finale Conjointe du Programme d'Adduction d'Eau Potable et d'Assainissement dans la Province du Sud (PEPAPS),* Rapport final réalisé par Agrer pour le compte de la CTB, Bruxelles.

CTB (2013b), *Results Report 2013 PAREF-BE2 – Rwa0907011: Support Program for the Forest Sector in Rwanda*, non publié.

CTB (2013c), *Results Report 2013, Programme Support to the SPATII: Market Oriented Advisory Services and Quality Seed'*, non publié.

CTB (2012), *Évaluation à Mi-Parcours du "Programme d'Appui Institutionnel au Ministère de la Santé – phase IV (MINISANTÉ IV),* Rapport final réalisé par Hera pour le compte de la CTB, Bruxelles.

Joint Commission (2013), Report on Government of Rwanda – Kingdom of Belgium Country Portfolio Performance Review Meeting, 12 December 2013, Kigali.

SPF AE (2011), *Cooperation Between Belgium and Rwanda, Indicative Cooperation Programme 2011-2014*, Service Public Fédéral, Affaires étrangères, Commerce extérieur et Coopération au développement, Bruxelles.

Other sources

The World Bank (2015), Rwanda Overview, http://www.worldbank.org/en/country/rwanda/overview#1.

AfDB, OECD, UNDP (2014), "Rwanda", in *African Economic Outlook 2014: Global Value Chains and Africa's Industrialisation,* Éditions OCDE, Paris, http://dx.doi.org/10.1787/aeo-2014-51-en.

UNDP (2014), *"Sustaining Human Progress: Reducing Vulnerabilities and Building Resilience", Explanatory note on the 2014 Human Development Report composite indices, Human Development Report 2014*, United Nations Development Programme, New York.

Republic of Rwanda (2013), *"Shaping Our Development", Economic Development and Poverty Reduction Strategy 2013 – 2018,* Kigali.

Annexe D : Organigrammes

Organigramme du Service Public fédéral, Affaires étrangères, Commerce extérieur et Coopération au Développement

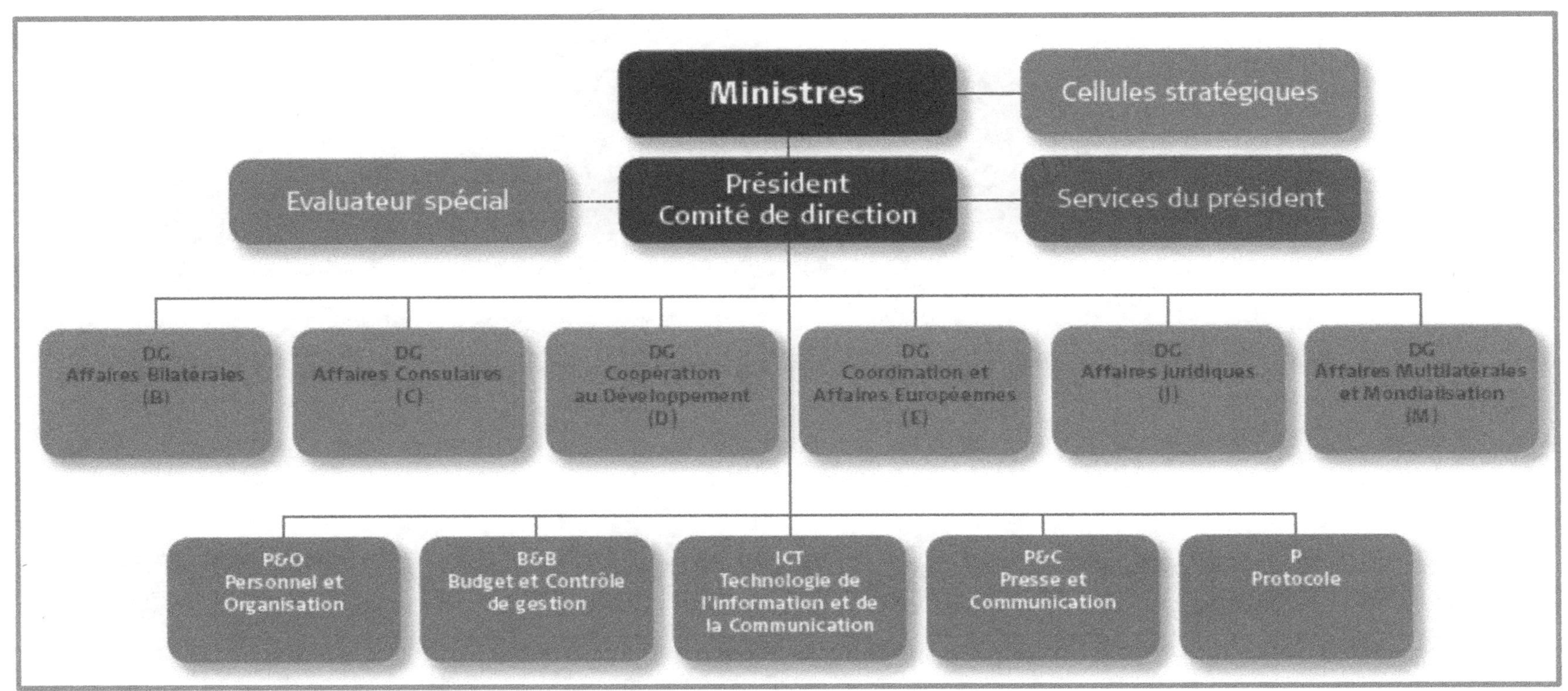

Organigramme de la Direction générale Coopération au développement et Aide humanitaire

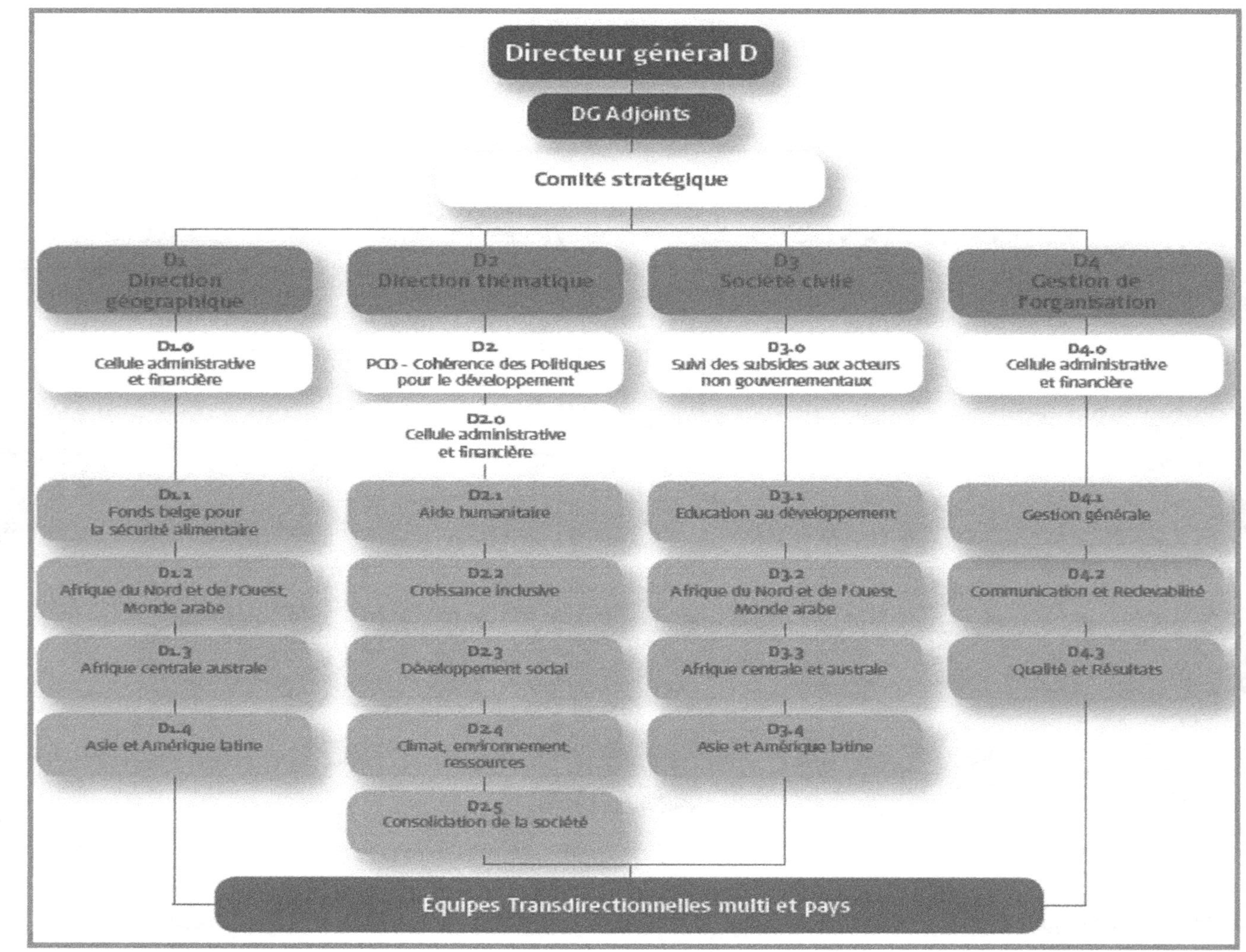

ORGANISATION DE COOPÉRATION ET DE DÉVELOPPEMENT ÉCONOMIQUES

L'OCDE est un forum unique en son genre où les gouvernements œuvrent ensemble pour relever les défis économiques, sociaux et environnementaux liés à la mondialisation. À l'avant-garde des efforts engagés pour comprendre les évolutions du monde actuel et les préoccupations qu'elles suscitent, l'OCDE aide les gouvernements à y faire face en menant une réflexion sur des thèmes tels que le gouvernement d'entreprise, l'économie de l'information et la problématique du vieillissement démographique. L'Organisation offre aux gouvernements un cadre leur permettant de confronter leurs expériences en matière d'action publique, de chercher des réponses à des problèmes communs, de recenser les bonnes pratiques et de travailler à la coordination des politiques nationales et internationales.

Les pays membres de l'OCDE sont : l'Allemagne, l'Australie, l'Autriche, la Belgique, le Canada, le Chili, la Corée, le Danemark, l'Espagne, l'Estonie, les États-Unis, la Finlande, la France, la Grèce, la Hongrie, l'Irlande, l'Islande, Israël, l'Italie, le Japon, le Luxembourg, le Mexique, la Norvège, la Nouvelle-Zélande, les Pays-Bas, la Pologne, le Portugal, la République slovaque, la République tchèque, le Royaume-Uni, la Slovénie, la Suède, la Suisse et la Turquie. La Commisssion européenne participe aux travaux de l'OCDE.

Les Éditions OCDE assurent une large diffusion aux travaux de l'Organisation. Ces derniers comprennent les résultats de l'activité de collecte de statistiques, les travaux de recherche menés sur des questions économiques, sociales et environnementales, ainsi que les conventions, les principes directeurs et les modèles développés par les pays membres.

COMITÉ D'AIDE AU DÉVELOPPEMENT

Pour permettre à l'OCDE de réaliser ses objectifs, un certain nombre de comités spécialisés ont été créés. L'un de ceux ci est le Comité d'Aide au Développement (CAD), dont le mandat est de promouvoir des politiques de coopération pour le développement et autres, qui contribuent à l'instauration d'un développement durable, y compris à une croissance économique pro pauvres, à la lutte contre la pauvreté et à l'amélioration du niveau de vie dans les pays en développement, ainsi qu'à un avenir où plus aucun pays ne sera tributaire de l'aide. À cette fin, le Comité d'Aide au Développement réunit les plus importants donneurs du monde en élaborant des méthodes de définition et de suivi qui constituent la référence mondiale dans les domaines clés du développement.

Les membres du CAD sont : l'Allemagne, l'Australie, l'Autriche, la Belgique, le Canada, la Commission européenne, la Corée, le Danemark, l'Espagne, les États-Unis, la Finlande, la France, la Grèce, l'Irlande, l'Islande, l'Italie, le Japon, le Luxembourg, la Norvège, la Nouvelle-Zélande, les Pays-Bas, la Pologne, le Portugal, la République slovaque, la République tchèque, le Royaume-Uni, la Slovénie, la Suède et la Suisse.

Le CAD met à disposition dans la série Lignes directrices et ouvrages de référence du CAD des documents destinés à informer les membres de son Comité et à les guider dans la conduite de leurs programmes de coopération pour le développement.

ÉDITIONS OCDE, 2, rue André-Pascal, 75775 PARIS CEDEX 16
(43 2015 07 1 P) ISBN 978-92-64-24199-2 – 2015

www.ingramcontent.com/pod-product-compliance
Lightning Source LLC
LaVergne TN
LVHW081412110826
845149LV00010B/1716

* 9 7 8 9 2 6 4 2 4 1 9 9 2 *